U0584341

互联网环境下的农业经济发展研究

孙鹏程 ◎ 著

吉林科学技术出版社

图书在版编目（CIP）数据

互联网环境下的农业经济发展研究 / 孙鹏程著. --
长春 ：吉林科学技术出版社，2023.3
ISBN 978-7-5744-0138-9

Ⅰ．①互… Ⅱ．①孙… Ⅲ．①农业经济发展－研究－
中国 Ⅳ．①F323

中国国家版本馆CIP数据核字(2023)第052188号

互联网环境下的农业经济发展研究

作　　者　孙鹏程
出 版 人　宛　霞
责任编辑　李　超
幅面尺寸　185 mm×260mm
开　　本　16
字　　数　247 千字
印　　张　11.25
版　　次　2023 年 3 月第 1 版
印　　次　2023 年 3 月第 1 次印刷

出　　版　吉林科学技术出版社
发　　行　吉林科学技术出版社
地　　址　长春市净月区福祉大路 5788 号
邮　　编　130118
发行部电话/传真　0431-81629529　81629530　81629531
　　　　　　　　　　81629532　81629533　81629534

储运部电话　0431-86059116

编辑部电话　0431-81629518

印　　刷　北京四海锦诚印刷技术有限公司

书　　号　ISBN 978-7-5744-0138-9
定　　价　70.00 元

版权所有 翻印必究 举报电话：0431-81629508

内容简介

随着科学技术的快速发展，人们日常生活与工作中使用互联网的频率不断增加，互联网促进了工作效率和工作质量的不断提高。在农业经济工作中，互联网技术发挥着重要作用，为农业经济发展提供了全新的机遇。本书以互联网内涵及技术基础为切入点，分析农业经济理论与互联网变革，探讨物联网、大数据和云计算三种互联网技术对农业经济发展的助推作用，研究互联网环境下的农产品电子商务、新型职业农民培育对农业经济发展的促进，最后探索互联网环境下的农业经济发展创新模式。全书在内容布局、逻辑结构、理论创新诸方面都有自己的独到之处，是一本值得学习研究的著作。

前　言

随着我国进入全面建成小康社会的新时期，"三农"问题的现实严峻性和极端重要性日渐凸现。农业是国民经济的基础，农业经济的稳定、协调和健康增长对于整个国民经济的发展水平、解决"三农"问题都有积极而重要的作用。农业要发展，投入是关键。农业在由传统农业向现代农业转变、由粗放经营向集约经营转变的过程中，面临着日益紧缺的资源压力和生态环境恶化的挑战，农业发展资金短缺的状况也将长期存在。农业经济的发展对国民经济的发展举足轻重，农村的稳定和繁荣则为经济的持续健康发展提供强有力保障。

互联网背景下的农业经济发展就是将互联网与农业经济发展相结合，利用互联网本身优势，拉动农业经济发展的一种新型经济形态。互联网的广泛性和创新性，能够改变传统农业模式，让农业生产链智能化，来提高农业生产的效率。除此之外，电子商务平台的兴起，也能够在一定程度上帮助农产品销售。通过互联网电商销售模式，让生产者与销售者之间的信息能够及时反馈沟通，利用线上售货、线下发货的模式，将生产者与销售者有机地结合起来，让生产和销售能够从某个方面达成平衡，不会造成生产过剩或者缺货的情况，从而拉动农业经济发展。

我国两千多年来一直是农业大国，但是目前在我国所有产业结构中，农业却最为薄弱。农业经济发展面临着极大的困难，从现有情况来看，若保持原有的经营模式，农业经济发展当前所面临的困境很难得到突破。互联网的崛起和发展为农业经济发展提供了重要发展机遇，将农业与互联网有机结合，优化原有生产模式，充实和更新生产者与销售者之间的市场信息，形成更加广阔的新型销售渠道，从而优化整合社会资源，让农业经济实现更快更好的发展。由此，开展互联网环境下的农业经济发展研究具有重要意义。

在农业经济工作中，互联网技术发挥着重要作用，为农业经济发展提供了全新的机遇。本书以互联网内涵及技术基础为切入点，分析农业经济理论与互联网变革，探讨物联网、大数据和云计算三种互联网技术对农业经济发展的助推作用，研究互联网环境下的农产品电子商务、新型职业农民培育对农业经济发展的促进，最后探索互联网环境下的农业经济发展创新模式。全书在内容布局、逻辑结构、理论创新诸方面都有自己的独到之处，是一本值得学习研究的著作。

本书在编写过程中，得到了校领导、同事的大力支持，同时作者还参考和引用了国内外有关教材、著作和研究成果，在此一并致以衷心的感谢！由于时间紧迫，编者水平有限，书中存在疏忽与不妥之处，敬请同行专家及读者批评指正。

编者

2023 年 1 月

目录

第一章　互联网内涵及技术基础

　　2017 年是中国连接全球互联网的第 23 年，随着互联网功能和应用的不断完备以及智能手机的进一步普及，我国网民数量快速攀升。据前瞻数据库数据显示，截至 2016 年末，我国网民数量已达 7.31 亿人，环比上半年的 7.1 亿人增长了 2.96%，同比 2015 年底的 6.88 亿人增长了 6.25%。互联网、云计算、移动互联、大数据等技术不断成熟，其经济性、便利性和性价比越来越高，从而为"互联网 +"打开局面，奠定了广泛和坚实的基础，为互联网的发展夯实了物质基础和技术基础。

第一节　互联网的发展历程

　　中国互联网的产生虽然比较晚，但是经过几十年的发展，依托于中国国民经济和政府体制改革的成果，已经显露出巨大的发展潜力。中国互联网已经成为国际互联网的一部分，并且中国网民已成为全球最大的互联网用户群体。[①]

　　纵观我国互联网发展的历程，我们可以将其划分为以下阶段：

一、1994—2004 年：Web1.0

　　通常把 1994 — 2004 年这个阶段称之为 Web1.0。就全球而言，Netscape（网景）、Yahoo（雅虎）和 Google（谷歌）等公司都是在 Web1.0 时崛起的，并做出了很大贡献。

　　Netscape（网景）曾经是美国的一家计算机服务公司，以其生产的同名网页浏览器 NetscapeNavigator 而闻名。在网景出现之前，浏览器的界面只有文字，网景则制作出了图

---

① 应可珍、姚建荣：《互联网基础》，上海：上海交通大学出版社，2017 年，第 109 页。

文并茂的浏览器界面。1995年8月9日，这家创始资金只有400万美元的公司，在华尔街上市几个小时后，市值就达到了20亿美元；4个月内，用户数增长到600万，市场份额达到75%。中央电视台大型纪录片《互联网时代》将之称为"人类历史上没有任何一样商品或服务拥有如此快速的普及速度"，并把这看作互联网繁荣的开始。1998年11月，网景被美国在线（AOL）收购。

Yahoo（雅虎），也是20世纪末互联网奇迹的创造者之一。雅虎创办于美国，提出了互联网黄页，是较早的"分类目录"搜索数据库，也是重要的搜索服务网站之一。雅虎由杨致远和大卫·费罗创办。杨致远，其华裔美国人的身份在一定程度上激励了中国互联网的后来人。

在中国，1995年，张树新创立了首家互联网服务公司"瀛海威"。当时中关村有一个巨大的广告牌，写着："中国人离信息高速公路有多远——向北1500米。"这个广告牌成为当年国内最受关注的商业事件之一，同时也令瀛海威和它的创始人张树新成为1996年的焦点。瀛海威的前身为北京科技有限责任公司，最初的业务是代销美国PC机，张树新到美国考察时接触到互联网，回国后即着手从事互联网业务，于是有了瀛海威。其营利模式是用户在交纳一定的费用后，即可将电脑接入互联网，进行网络聊天、收发电子邮件、阅读电子报纸。

Web1.0的主要特点是单向的传播，主要功能还是信息展示。我们现在所熟知的三大门户网站搜狐（www.sohu.com）、新浪（www.sina.com）、网易（www.163.com）都是在这一时期发展起来的。1996年11月，张朝阳从硅谷获得22.5万美元的风险投资，回中国创办了搜狐。1997年6月，1971年出生的丁磊在广州创办了网易公司。那一年，他只有26岁。新浪前身是王志东1993年12月18日在北京成立的四通利方信息技术有限公司，于1998年12月1日与海外华人网站"华渊资讯"宣布合并，成立新浪网公司，并推出同名的中文网站。

2000年4月13日，新浪网宣布首次公开发行股票，第一只真正来自中国大陆的网络股登上纳斯达克。在这之后的几个月里，搜狐、网易也成功在美国纳斯达克挂牌上市，掀起了对中国互联网的第一轮投资热潮。

在移动互联网时期被合称为BAT的三大移动互联网巨头也在这段时间相继成立。腾讯公司由马化腾于1998年11月在深圳成立，1999年2月，推出了即时通信软件OICQ（也就是日后的QQ）。1999年，马云创立了阿里巴巴，一改当时互联网界热门的"门户与搜索"两种商业模式，专注电子商务领域。2000年，李彦宏在北京中关村创立了百度，"百度"二字源于辛弃疾《青玉案》："众里寻他千百度，蓦然回首，那人却在，灯火阑珊处。"

十分有意韵。

政府上网工程主站点（www.gov.com）1999 年 1 月 22 日在北京举办的"政府上网工程启动大会"开通试运行。1999 年 9 月，招商银行率先在国内全面启动"一网通"网上银行服务，成为国内首个实现全国"网上银行"的商业银行。在新闻领域，2000 年 12 月 12 日，人民网、新华网等网站经国务院新闻办公室批准，率先成为获得登载新闻许可的重点新闻网站。在网络游戏领域，盛大网络 2001 年开始在中国运营韩国网络游戏《传奇》，成为中国网络游戏市场上的霸主。

2000 年，全球也正在经历一场互联网泡沫。在早期对互联网的狂热和投机后，期望过高带来了产业信心消失，互联网的免费模式"宠"坏了消费者，互联网几乎是用"烧"的速度用尽投资者的金钱，盈利遥遥无望。

在中国同样如此。但在互联网公司耗尽了投资者的金钱时，中国移动 2000 年推出的移动梦网，带来了新的营利模式。移动梦网是中国移动向客户提供移动数据业务的统一品牌。英文叫作 Monternet，意思是"Mobile+Internet"。这是一种 SP/CP 增值业务发展的典型模式——中国移动是"移动门户提供商 + 网络运营商"，梦网平台是移动互联网业务的载体，聚集起众多内容提供商（CP）和服务提供商（SP），用户通过定制业务交费，在收到费用后，中国移动再向 CP、SP 分成。移动梦网为中国互联网公司解决了支付、用户、商业模式等问题。2002 年第二季度，搜狐率先宣布营利，新浪、网易也相继营利。

二、2004—2009 年：Web2.0

2004 年，互联网进入 Web2.0 时代。

Web2.0 概念始于 O'Reilly Media 的创造人 Tim O'Reilly（蒂姆·奥莱利），在一场和 Media Live International（灵动媒介国际公司）之间的头脑风暴论坛上，他认为互联网泡沫破裂是互联网的一个转折点，这也带来了"Web2.0"运动。

笔者以为，较之 Web1.0，Web2.0 最大的不同，不在于技术，而在于主导思想及应用。Web2.0 与 Web1.0 最大的不同，是从"用户获取内容"转向"用户获取并生产内容"，更注重的是交互作用。可以说是用户"主动创造、共同建设"了 Web2.0。这从 Web2.0 具有代表性的技术，以及支撑的业务可以看出。

Blog（博客），是 Web 和 Log 的混成词，在台湾被译作部落格、网志，在港澳被译作网志，总之是一种由个人管理、不定期更新文章、图片或视频的网页。有用户把它当作在线日记，用以记录事件、抒发情感。也有用户将其当作分享信息的阵地。著名科幻作家 William Gibson 在 1996 年预言了职业博客的出现："用不了多久就会有人为你浏览网络，精选内容，并以此为生，的确存在着这样的需求。"方兴东 2002 年 8 月创立的"博客中国"（blogchina.com）是中国第一个正式的博客网站。博客的创新性在于，实现了"零进入壁垒"的网上个人出版方式，只要有电脑，会打字，就能向全世界表达自己的观点。

RSS（简易信息聚合），是一种消息来源格式规范，用以聚合经常发布更新数据的网站，例如，博客文章、新闻、音频或视频的网摘。RSS 包含了全文或是节录的文字，按照用户的要求，"送"到用户的桌面。可以借由 RSS 阅读器、FeedReader 或是 Aggregator 等网页或以桌面为架构的软件来阅读。RSS 技术 1999 年诞生于网景公司，可以传送用户所订阅的内容。现在已经为新浪、网易等越来越多的网站所使用。

SNS（社交网络服务）是为一群拥有相同兴趣与活动的人创建的在线社区。主要是基于互联网，为用户提供各种联系、交流的交互通路，为信息的交流与分享提供了新的途径。1999 年，周云帆、陈一舟和杨宁共同创办了 ChinaRen 校友录，被认为是中国最早的 SNS 产品。ChinaRen 后来被搜狐收购。从 2008 年 5 月开始，开心网、校内网（后改名为人人网）等 SNS 网站迅速传播，SNS 成为 2008 年的热门互联网应用之一。承载在这些 SNS 网站上，"偷菜游戏"等休闲交友游戏也风靡一时。"今天你偷菜了吗？"成为人们打招呼的问候语。

2007 年，苹果 iPhone 手机面世，带来了 Web2.0 阶段的另一个明显趋势。苹果 iPhone 引领的移动智能终端大潮，使网络接入方式从固定转向移动互联网。手机江湖戏称：诺基亚和苹果，其最大不同在于，诺基亚用渠道卖终端，苹果把终端当渠道卖。苹果向第三方开放 App Store，拉开了一个全新的移动互联网商业模式。App Store 是一个应用商店，用户可以在里面购买各种应用。这些应用是由开发者提供的，开发者不是苹果的员工，也没有任何资金或者资质方面的限制，苹果还为注册的开发者提供 AppSDK 和相应的技术支持。用户购买应用的收益，苹果公司以一定比例同开发者分成。

2004 年 3 月 4 日，"掌上灵通"在美国纳斯达克首次公开上市，成为首家完成 IPO 的中国 SP（服务内容提供商）。掌上灵通是一家为中国手机用户提供增值服务（如媒体、娱乐及联系等）的供应商，通过中国移动和中国联通来推广自己的服务，一度成为世界最大的无线手机市场。此后，TOM、盛大等公司纷纷在海外上市。中国互联网公司开始了自 2000 年以来的第二轮境外上市热潮。

随着互联网的蓬勃发展，国家监管随之而来。2005 年 9 月 25 日，国务院新闻办公室、信息产业部联合发布《互联网新闻信息服务管理规定》；2006 年 3 月 30 日，中华人民共和国信息产业部颁布的《互联网电子邮件服务管理办法》开始施行。

互联网在媒体领域也正逐步发挥作用。2005 年 11 月 7 日，搜狐成为 2008 年北京奥运会互联网内容服务赞助商，这是奥运会历史上第一次互联网内容赞助。2007 年 2 月

28 日，《人民日报》面向全国正式发行手机报，这对全国主流媒体有一定的示范作用，也进一步促进了手机媒体化的进程；2007 年 5 月开始，千龙网、新浪网、搜狐网、网易网、TOM 网、中华网等 11 家网站举办"网上大讲堂"活动，以网络视频授课、文字实录及与网民互动交流等方式，传播科学文化知识；2007 年 12 月 18 日，国际奥委会与中国中央电视台共同签署了"2008 年北京奥运会中国地区互联网和移动平台传播权"协议，这也是奥运史上首次互联网移动平台的传播授权。

三、2009 年后：Web3.0

Web3.0 较之 Web2.0，有了一些新的方向和特征，包括将互联网本身转化为一个泛数据库，跨浏览器、超浏览器的内容投递和请求机制，人工智能技术的运用，语义网，地理映射网，运用 3D 技术搭建的网站甚至虚拟世界，等等。在中国，2009 年 1 月 7 日，工业和信息化部为中国移动通信集团、中国电信集团公司和中国联合网络通信有限公司发放 3 张第三代移动通信（3G）牌照。从 2010 年开始，UCWEB 等互联网公司纷纷融资成功，中国的移动互联网进入繁荣发展时期。

根据中国互联网络信息中心（CNNIC）发布的数据，截至 2012 年 12 月底，中国网民规模 5.64 亿，互联网普及率达到 42.1%；手机网民规模为 4.2 亿，使用手机上网的网民规模超过了台式电脑。截至 2013 年 12 月，中国网民规模 6.18 亿，互联网普及率达到 45.8%。手机网民保持增长态势，已达 5 亿。

新浪在 2009 年推出了"微博"服务，被称为"中国 Twitter"，新浪微博于 2014 年 4 月 17 日在纳斯达克挂牌上市，而在上市之前，阿里巴巴增持微博股权至 30%。

从 2009 年下半年起，搜狐网、网易网、人民网纷纷推出微博应用，吸引了企业机构、社会名人、众多网民加入，成为 2009 年热门互联网应用之一。2011 年初，"微博打拐"活动发起，"随手拍照解救乞讨儿童"的微博行动引起全国关注，微博逐步成为中国重要舆论平台。

2011 年 12 月 16 日，《北京市微博客发展管理若干规定》出台，规定任何组织或者个人注册微博客账号，应当使用真实身份信息。随后广州、深圳、上海、天津等地亦采取相同措施。

腾讯于 2011 年 1 月 21 日推出微信——一款只在手机上使用的、主打通信录社交概念的 IM（即时通信软件）。微信由张小龙所带领的腾讯广州研发中心产品团队打造，名字由马化腾在产品策划的邮件中确定。微信开始只能在智能手机上使用，后来又开发了 PC 平台，但仍需要用手机辅助登录。随着微信 5.0 版本的发布，微信也正式开始进军移动电商。2014 年春节的"抢红包"，一举让微信绑定了近亿张银行卡。微信支付将支付过程简化到极致。

在这个阶段，电子商务开始兴起。2010 年走红的是团购这一商业模式。根据中国互联网络信息中心（CNNIC）统计，截至 2010 年底，中国网络团购用户数达到 1875 万人。2013 年电子商务快速发展，网络零售交易额达到 1.85 万亿元。中国超过美国（根据 eMarketer 数据显示，2013 年美国网络零售交易额达到 2589 亿美元，约合人民币 1.566 万亿元）成为全球第一大网络零售市场。

国家继续加强对互联网各领域的监管。2011 年 5 月，国家互联网信息办公室正式成立。在这之前的 2010 年 6 月 14 日，中国人民银行公布《非金融机构支付服务管理办法》，将网络支付纳入监管。2011 年 5 月 18 日，中国人民银行下发首批 27 张第三方支付牌照（《支付业务许可证》）。2013 年 6 月 25 日，在公安部指导下，阿里巴巴、腾讯、百度、新浪、盛大、网易等中国 21 家互联网企业，成立了"互联网反欺诈委员会"。2013 年 10 月 25 日，新修订的《中华人民共和国消费者权益保护法》发布，规定经营者采用网络、电视、电话、邮购等方式销售商品，消费者有权自收到商品之日起 7 日内退货。

在中国移动互联网业，出现了百度、阿里巴巴、腾讯三大巨擘。因为百度的首字母是 B、阿里巴巴的首字母是 A、腾讯的首字母是 T，被合称为 BAT。BAT 三巨头逐渐发展起了自己的互联网产业，涉及电子商务、网络游戏、社交媒体、搜索门户及基于地理位置服务等多个领域。并且每个巨头下都有众多与其有着紧密关系的公司。在个人创业方面，李开复博士创办创新工场，孵化的第一款产品是豌豆荚，开始进军移动互联网应用领域。

各大互联网企业竞争进入新阶段，开始一系列互联网之战，甚至走上了诉讼之路。最为有名的可算是"3Q"大战。2010 年 10 月 29 日，周鸿祎的奇虎 360 推出名为"扣扣保镖"的安全工具，号称是"隐私保护器"，该软件查出 QQ 软件侵犯用户隐私。腾讯则指出 360 浏览器涉嫌不正当推广。

2010 年 11 月 3 日，腾讯公司做了一个"艰难的决定"——在装有 360 软件的电脑上停止运行 QQ 软件。2010 年 11 月 4 日，在政府主管部门介入调查及干预下，双方的软件恢复兼容。另一场战争是 2012 年 8 月 16 日，奇虎 360 综合搜索上线，又引发了百度和 360 的搜索之争。2012 年 11 月 1 日，在中国互联网协会组织下，百度、奇虎 360 等 12 家搜索引擎服务企业签署了《互联网搜索引擎服务自律公约》，促进了行业规范。

2013 年中国互联网企业开始出现并购热潮，除了上文提到的阿里巴巴 5.86 亿美元入股新浪微博外，另有几个大手笔是：百度 3.7 亿美元收购 PPS 视频业务，苏宁云商与联想控股旗下弘毅资本以 4.2 亿美元战略投资 PPTV，腾讯 4.48 亿美元收购搜狗，百度 18.5 亿美元收购 91 无线网络有限公司 100% 股权，等等。

Web3.0 时代的重大突破，是网络连接从人和人之间，转向万物互联，物联网的发展开始起步。2009 年，欧盟执委会提出欧洲物联网行动计划，推动互联网向万物互联发展。

在中国，2012 年 2 月 14 日，国家工业和信息化部发布《物联网"十二五"发展规划》；2013 年 2 月 17 日，国务院公布《关于推进物联网有序健康发展的指导意见》，要求到 2015 年，要打造物联网产业链，形成物联网产业体系。国家发展和改革委员会等据此联合印发了《物联网发展专项行动计划（2013—2015 年）》。

第二节　互联网的概念及特征

一、互联网的基本概念

什么是 Internet? 其实要给 Internet 下一个严格的定义是非常困难的，因为它的发展相当迅速，很难界定它的范围，而且它的发展基本上可以说是自由的。通俗地说，Internet 是位于世界各地的成千上万的计算机相互连接在一起形成的，是可以相互通信的计算机网络系统，它是当今最大和最著名的国际性资源网站。Internet 就像在计算机与计算机之间架起的一条条高速公路，各种信息在上面快速传递。这种高速公路网遍及世界各地，形成像蜘蛛网一样的网状结构，使得人们能够在全球范围内交换各种各样的信息。

人们用各种名称来称呼 Internet，如互联网、交互网、网际网、全球信息资源网等。与 Internet 相连接，意味着你可以分享其上丰富的信息资源，并可以与其他 Internet 用户以各种方式进行信息交流。在这一方面，Internet 所起的巨大作用是其他任何社会媒体或服务机构都无法比拟的。Internet 可以说是人类历史上的一大奇迹，就连它的创造者们也没有预见到它会产生如此巨大的社会影响力。可以说，它改变了人们的生活方式，加速了社会向信息化发展的步伐。

二、互联网的特征

毫不夸张地说，互联网已经成为当今举足轻重的一项基础设施，辐射到我们生活的方方面面，完全颠覆了我们以往的沟通交流方式，降低了交互成本，使业务智能成为可能。

它具备如下特征：

（一）互联网颠覆了信息交流方式

技术的进步对人类交流方式的改变无疑是巨大的。古人为了实现远距离传递信息，使用飞鸽、烽火、旗帜、信件等方式，虽然在一定程度上达到了信息传递的目的，但也存在着诸多局限性，如信息传递的速度不理想、信息容量有限信息传送的安全性不高，同时准确性也存在问题。电报、电话被发明之后，虽然信息传递的速度得到极大提升，但信息容量和信息种类仍非常有限，信息获取难，信息往往集中在少数团体里。毫无疑问，信息传递在人类的商业活动中举足轻重，其中各项活动的组织多基于上述情况而展开，比如，为了使商品信息能够有效传递，商品销售过程中的销售渠道就非常重要。销售渠道往往以分级的方式设立经销商、分销商、零售商等，争取把商品和商品信息传递到它所能到达的地方。而互联网的出现却完全改变了原有的这种局面。

第一，互联网极大地提升了信息交流的速度。互联网可以不受空间限制来进行信息交换，在目前互联网带宽极大提升的情况下，几乎不需要考虑信息传递的时间，内容可以在第一时间传递给用户。此时关注的重点转移到了如何生产内容，如何将内容更好地传递给用户，而不在于信息传递的速度。

第二，互联网极大地提升了信息的丰富度。不同于信件和传真一般只能传递文本，电话交流仅仅是语音，互联网中的内容可以是文字、图片、音频视频或者是以上各类信息的有机结合，囊括了传统媒介的一切表现形式，给用户带来了丰富而生动的体验。

第三，互联网极大地提升了信息交流的安全性。互联网通过各类安全手段，对安全性要求较高的内容可以实施加密等操作。与传统方式相比，信息交流的安全性得以提升。

（二）互联网降低了信息交换成本

互联网通过数字比特流的方式来传递信息，以此来代替实物交换，极大地降低了原有信息交换的成本。如在公文流转，原先以纸质公文的方式在部门间流转，办公自动化之后，公文的流转则直接在信息系统中完成，无须对纸质文档进行流转和保存，由此降低了办公成本。

（三）互联网的信息可整合和存储

由于互联网强大、高效的信息存储能力。诸多信息可被分类存储和查询，从而形成基于各行业的大数据，这使不同领域和空间中的主题和行为可以被深度地融合在一起，共同创造价值，使各项业务智能的实现成为可能。

第三节　互联网思维解读

一、什么是互联网思维

《词源》中提到，思维就是"思索、思考"的意思。从思维的本质来说．思维是具有意识的人脑对客观现实的本质属性。内部规律的自觉的、间接的和概括的反映。因此，互联网思维可以从两个层面加以解读：一是作为一种思维方法的互联网思维。互联网这一新兴事物的出现，启发人们用一种新的方式——"互联网"的方式，去思考、分析、解决周遭的问题。二是将互联网作为思考对象的互联网思维。互联网渗入了人们生产、生活的方方面面，对经济发展、政治文明及文化繁荣都产生了重大的影响，这使得人们去思考如何发展好、如何用好、如何管好互联网等问题。[①]

互联网思维，简而言之，就是以互联网的方式去思考问题。百度百科将其定义为在（移动）"互联网+"、大数据、云计算等科技不断发展的背景下，对市场用户、产品、企业价值链乃至对整个商业生态进行重新审视的思考方式。人们往往将互联网思维与这些关键词密切联系在一起，如用户体验简约、极致、产品痛点、粉丝、流量，产品迭代、平台和大数据等。

由于处在行业之中许多企业家往往对互联网思维有着自己的理解。小米公司创始人雷军认为互联网思维就是"专注极致、口碑、快"；海尔集团董事长张瑞敏认为"互联网思维是零距离和网络化的思维"；360公司董事长周鸿祎则提出了四点，分别是"用户至上、体验为王、免费的商业模式和颠覆式创新"。而前微软亚太研发集团主席、百度总裁张亚勤则认为互联网思维可分为三个层级：第一层级是数字化，此时互联网是降低成本提高效率的工具；第二层级是互联网化，此时通过互联网来改变运营流程，以电子商务、网络营销的方式来开展业务；第三层级是互联网思维，彻底地用互联网来改造传统企业，实现商业模式和价值观的创新。

虽然各位企业家对互联网思维的理解在文字表述上有所区别，但其表达的核心概念实际上是一致的，都体现了互联网的本质，也即互联网下信息交互的便利性及由此延伸的各项互联网物质。首先，由于互联网极大地消除了信息的不对称性，用户和企业之间不再需要层层叠叠的中间商，可以极大地实现用户和企业间的直接对话。由此传统商业的渠道思

---

① 杜骏飞：《互联网思维》，南京：江苏人民出版社，2015年，第2页。

维被完全颠覆，原有渠道优势不再成为优势，而好的用户体验则成了竞争优势。极致的产品和服务成为吸引用户的法宝，由此形成产品的粉丝群体借助粉丝实现对产品的进一步推广和销售。其次，由于用户对产品的需求和反馈可以迅速地传递给企业，使得产品迭代的速度完全不同于往日，从而对企业在管理上的响应速度提出了更多的要求。最后，互联网下所有的商业过程都可以被记录，由此产生的大数据为企业的日常经营乃至跨界经营提供了更多的可能性，从而实现商业模式的创新。显然，无论从事商业活动还是开展日常工作，具备互联网思维变得尤其重要。

二、互联网思维的六大特征

以上企业家从不同的角度，为我们描述了互联网思维的表现及重要性，但都有些零散，不够系统。中国跨境电商行业"教父级"人物，通拓科技 CEO 廖新辉对互联网思维特征进行深入浅出的归纳总结。他把互联网思维的特征主要归纳为六条，并对每一条进行了阐述，较有代表性，也有助于我们更好地理解互联网思维。

（一）互联网思维特征之一：碎片化

碎片化这一互联网特征，在社交、资讯上体现得最为明显。比如，社交方面，在互联网普及之前，我们很多人与朋友联系，可能都是在上班前或下班后。而在互联网普及，尤其是移动互联网的普及之后，用微信、QQ 等即时通信，我们几乎可以随时联系，这就是时间碎片化的应用。再比如，在以前，我们获取资讯得通过电视、报纸等利用闲暇时间看，而现在我们拿起手机，用各种资讯软件随时可以获取资讯，而且信息内容更加偏向分散、零碎，这是信息碎片化的应用。碎片化，本身并没有特别突出的价值，因为事物本身便是由不同的"碎片"元素组成的。比如，同样是碳元素，不同的组合排列会形成不同的物质，它可以形成价值惊人的金刚石，也可以形成普通的石墨。而在互联网时代，因为互联网技术的成熟，使得无数事物的"碎片化"重组、质变成为可能，尤其是无数个人的"碎片化"实现连接融合，更是开启了广阔的想象空间。这也是互联网时代，打磨细节、优化重组、跨界融合等方法论越来越受到重视的原因之一。

（二）互联网思维特征之二：分布式

去中心化，是相对于中心化的一种现象或结构。去中心化，不是不要中心，而是由节点来自由选择中心、自由决定中心。相对于中心化的线性特征，去中心化呈现的是分布式特征，中心可以分布在无数个节点中，实现多并发。从互联网发展的层面来看，去中心化是互联网发展过程中形成的社会化关系形态和内容产生形态，是相对于"中心化"而言的新型网络内容生产过程。去中心化，是互联网自由、平等、开放、连接、全球化等基本特征不断深化发展的必然结果。所以，现在的互联网内容，不再是由专业网站或特定人群所产生，而是由全体网民共同参与、权级平等地共同创造的结果。任何人都可以在网络上表达自己的观点或创造原创的内容，共同生产信息。也正是去中心化的特点，使互联网极大地激发了人们的参与互动积极性，人们的创造性与创新性得到了极大的解放与提升，每一个个体的价值都有机会得到绽放。

（三）互联网思维特征之三：扁平化

扁平化思维，是一种提升效率、化繁为简的思维方法。以往，因为技术落后、辅助工具落后、信息传输渠道单一、中心化思维等原因，很多事物的管理及应对都是采用多层级的"金字塔"模式，这样往往造成反应慢、效率低、信息失真度高等弊端。而随着互联网的互联互通，特别是相应的技术工具的完备，使得以往的"中间环节、中间件"减少甚至被取缔成为了可能，就如廖新辉所言，"因为互联网信息革命，世界互联互通，它们已经没有存在的价值"。互联网企业最典型的扁平化管理，便是小米的三级模式：七个核心创始人—部门leader—员工。小米的这种组织结构：一层产品、一层营销、一层硬件、一层电商，每层由一名创始人坐镇，能一竿子插到底地执行。大家互不干涉，都希望能够在各自分管的领域给力，一起把这个事情做好，充分体现"短平快"的特点，将效率极致化。在通拓科技，廖新辉则倡导："扁平化管理思想一定要无处不在。在TOMTOP，有三件事可以直接跟最高决策层，也就是任何合伙人对话，1. 创新；2. 批评；3. 引荐干部人才。因为某个上司可能会因为自己的愚蠢否定你的创新，因为狭隘听不进你的批评，因为嫉妒拦截更优秀的人才。"

（四）互联网思维特征之四：高维度

维度，又称维数，是数学中独立参数的数目。在物理学和哲学的领域内，指独立的时空坐标的数目。零维是一个无限小的点，没有长度；一维是一条无限长的线，只有长度；二维是一个平面，是由长度和宽度（或部分曲线）组成面积；三维是二维加上高度组成体积；四维是指三维空间加一维时间。四维运动产生了维……维度越高，层次越复杂，进化程度也越高。打个比方来理解：一条虫在一条直线上爬，是一维空间，它只有前后的概念；而如果是在地面爬，则是二维空间，它除了有前后，还有左右；一只鸟在天上飞，则有前后、左右、上下，是三维空间；人类的感知空间，在三维的基础上，多了一个时间维度，是四维时空。我们会发现，维度越高，感知能力会越强，感知的信息也越多，进化程度也越高。而按电影《星际穿越》里的理论，高维空间可以轻松控制低维空间。互联网开放、自由、连接的特点，给了无数个体参与的可能，无数个体经过"大连通、大排列、大组合"，会形成更为无限的可能，这时候就好比形成了无限维度的世界。因此，你掌握维度的高低，决定了你进化的高低，也决定了你把控未来能力的强弱。

（五）互联网思维特征之五：高频率

互联网，由于实现了广泛互联互通，再加上永不停歇地运转，尤其是实现移动互联以后，相当于人人都可以 24 小时在线，而且每个人的碎片化数据、信息都实现了实时传输、即时更新、实时变化。这就对我们提出了更高的响应要求、"创新、纠错、决策、反应更快！且随时在迭代、更新、升级、进化！"高频率，快节奏，成了互联网时代的一个重要特征，也成为企业发展不容忽视的重要因素。雷军在谈到"互联网思维七字诀"中的"快"字诀时便说："在谈到互联网，当大家提醒我说小米是不是非常快的时候，其实在互联网公司，尤其是早期不能做到 100% 成长，全部是做得差的公司，倍数成长是互联网公司最基本原则。不仅仅业务成长，包括对用户服务反应都特别快。你提一个意见被小米采纳，发布出来只需要一个星期，这在传统手机企业是没有办法想象的。"的确，处在高频率的互联网时代，很多企业往往不是输在技术水平不足上，而是输在变化、更新、决策、创新不够快上。

（六）互联网思维特征之六："互联网＋"

互联网本身的自由、开放、连接等基本特征，让其天然具有"互联网＋"基础。不同的个体，不同的企业，不同的行业，通过互联网的互联互通，让彼此之间交互更加频繁，影响更加深化，这也就为生态型共同发展提供了无数的可能。未来伟大的企业，一定是生态平衡型企业，与其他企业共融共生共发展！腾讯的领悟是将自己战略定位为：要做互联网的连接器，实现连接一切。所以，腾讯一改之前大包大揽的作风，重新聚焦于自己擅长的泛娱乐战略，马化腾形容："我们把另外半条命交给合作伙伴了！"一开始，阿里的战略更是"暴力"直接，用淘宝天猫颠覆传统零售、用支付宝颠覆银行等，但后来，我们看到这种战略也有了很大的调整，阿里也开始打造自己的生态，用生态化的思维去延伸拓展、融合发展。

三、互联网思维与经济发展

我国经济发展面临的新形势的最佳概括就是"新常态"，结合互联网思维，中央给出的药方主要是"互联网＋"。如何结合互联网思维，更好地推进"互联网＋"？首先，加强互联网基础设施建设，包括宽带和无线网络的建设，云计算、物联网等网络公共基础设施的建设。其次，大力发展工业互联网，包括推动工业研发模式创新，推动智能工厂等工业生产模式创新,推动基于大数据的工业营销模式创新以及综合上述三个方面的集成创新。最后,发展电子商务和电子政务。

除了上述三个方面以外,在制度改革方面,也需要加强两个方面的工作:

一方面,推动监管机构依法行政。以适度包容的精神鼓励互联网企业的创新创业活动:一是在推进大部制的机构改革过程中,与时俱进地明确和理清各部门对互联网产业的相关职能。二是建议相关部门对现有涉及互联网企业资质的审批、审核及行政许可等进行评估和清理,简化审批流程,推广一站式服务,减轻互联网企业负担。三是在互联网产业投资、创新应用等各监管领域,全面建立权力清单、责任清单和负面清单制度,明确政府工作部门职责权限,全面推进依法管网和依法治网。四是推行适度开放包容的互联网监管精神,鼓励大众利用互联网创新创业,为互联网领域深化改革鼓励创新铺路。五是在互联网的管理和治理问题上,要求政府"法无授权不可为",鼓励企业"法无禁止皆可为",充分调动和释放大众的创新创业活力。

另一方面,打破行业壁垒,为互联网企业营造开放公平的产业竞争环境:一是改革产业准入制度,制定和实施产业准入负面清单,破除限制互联网新技术、新产品、新商业模式发展的不合理准入障碍,对未纳入负面清单管理的行业、领域、业务等,允许包括互联网企业在内的各类市场主体依法平等进入。二是加快推进垄断性行业改革,尤其是资源配置不平衡、市场竞争不充分的行业,放开自然垄断行业竞争性业务,允许互联网企业主体进入,为互联网企业进入传统领域,营造公平、开放、透明的市场环境。

第四节　互联网的技术基础

一、大数据

(一) 大数据的概念

"大数据"的概念起源于 2008 年 9 月《自然》(*Nature*)杂志刊登的名为"Big Data"的专题。2011 年《科学》(*Science*)杂志也推出专刊"De aling with Data"对大数据的计算问题进行讨论。谷歌、雅虎、亚马逊等著名企业在此基础上,总结了他们利用积累的海量数据为用户提供更加人性化服务的方法,进一步完善了"大数据"的概念。

大数据又称海量数据,指的是以不同形式存在于数据库、网络等媒介上蕴含丰富信息的规模巨大的数据。

大数据的基本特征可以用 4 个 V 来总结，具体含义为：

Volume，数据体量巨大，可以是 TB 级别，也可以是 PB 级别。

Variety，数据类型繁多，如网络日志、视频、图片、地理位置信息等。

Value，价值密度低。以视频为例，连续不间断监控过程中，可能有用的数据仅仅有一两秒。

Velocity，处理速度快，这一点与传统的数据挖掘技术有着本质的不同。

简而言之，大数据的特点是体量大、多样性、价值密度低、速度快。

（二）大数据的价值

大数据的价值，有的时候很容易通过简单的信息检索，或简单的统计分析得到。但很多情况下，很难直接获取数据的价值，需要通过更复杂的方法去获取数据中隐含的模式和规则，以利用这些规则或模式去指导和预测未来。换句话说，就是要向数据学习社会生活中的规则。

大数据的价值不会随着它的使用而减少，而是可以不断地被处理。大数据的价值并不仅仅限于特定的用途，它可以为了同一目的而被多次使用，亦可用于其他目的。最终，大数据的价值是其所有可能用途的总和。

大数据研发的目的是利用大数据技术去发现大数据的价值并将其应用到相关领域，通过解决大数据的处理问题促进社会的发展。从大数据中发现价值的一系列技术可以称之为数据挖掘。

二、商务智能

商业智能（business intelligence，BI）是将大量数据转换为具商业价值的信息，以协助企业进行预测、追踪、分析与管理商业行为的工具，使企业能够做较好的决策。从大数据分析的角度来看，商业智能可说是一种针对商业需求，取得高质量以及有意义的数据挖掘与信息处理机制，以支持商业决策创造企业利益和价值的方法。因此，商业智能关注的是如何整合以及组织数据，并且提供容易使用且可以拿来分享的数据资源，以帮助决策者拟定假设与分析信息、产出结论来减少营运成本，并且加强系统处理的延展性，促使更好的决策产生。

（一）商务智能的过程

商业智能与数据挖掘、决策的关联性如图 1-1 所示，三者也可视为数据、信息与知识的层级关系。底层乃是企业中各种数据库，整合搜集企业分散于不同系统的数据，例如，企业资源计划（enterprise resource planning，ERP）系统、供应链管理（supply chain management，SCM）系统、客户关系管理（customer relationship management，CRM）系统，并利用在线实时分析处理（online analytical processing，OLAP）与数据挖掘技术将数据转为有价值的信息，辅以报表与查询的功能让对的信息在对的时间传送给对的人。商业智能的范畴一般包含底层的数据搜集到中层的信息产生与传递，如图1-1右下方粗线框的范围。其中，OLAP与数据挖掘在数据转为信息的过程也有所区别，OLAP强调汇整，也就是以不同维度的观点将数据汇整成企业的绩效指标（performance index），让企业管理者借由关键的绩效指标纵观企业整体营运成效，再视需要深入了解指针背后的细节数据；知识管理是通过系统化的管理，将数据转为信息与知识的过程，并将知识予以储存与应用，协助提升企业智能化；数据挖掘更强调新样型探索（exploration），期望借由大量的数据分析，发现新的、能提升营运效率与效能的信息。

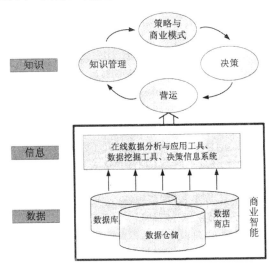

图1-1 商业智能、数据挖掘与决策

获得有效信息后，由数据挖掘发掘出的规则可纳入专家系统知识库中不断累积新知识，或由领域专家解读从OLAP与数据挖掘获得的数据，进一步结合公司内部拥有的领域专业知识、信息，建立起知识体系，即可纳入企业的知识管理系统将知识储存、扩散及应用。最后结合企业决策者本身的经验与能力，灵活应用知识，即成为企业专属的智能。而企业整体知识的提升将促使各阶层管理者发觉新的决策问题或决策方法，因而产生新的OLAP或数据挖掘主题。决策方法经过验证确认为有效方法后，亦可成为企业知识的另一个来源。

（二）商务智能系统的支撑技术

商务智能是在计算机软硬件、网络决策分析等多种技术成熟的基础上出现的，是通过对数据整理与分析为决策提供依据的一项技术，商务智能技术是运用了数据仓库、OLAP和数据挖掘等技术来处理和分析数据的技术，能够帮助企业进行经营分析、战略支持和绩效管理。

1. 数据仓库技术

数据仓库是一个用于更好地支持企业或组织的决策分析处理的数据集合，面向主题、集成的、随时间不断变化的、支持管理决策的制定。

数据仓库完成了数据的搜集、集成、存储、管理等工作，商务智能面对的是经过加工的数据，使得商务智能更专注于信息的提取和知识的发现。通过数据仓库，商务智能系统可撷取与载入原始资料，归并各种数据源并以 Web 界面为企业主管提供信息分析与查询，支持企业管理与商业决策。商务智能要充分发挥潜力，就必须和数据仓库的发展结合起来。

2. OLAP

OLAP 同数据仓库密切相关，它用于支持复杂的数据库分析操作，偏重对决策人员提供支持，可以对大数据量的信息进行快速、灵活的复杂查询处理。

OLAP 是在数据仓库基础上的在线应用，是商务智能中不可缺少的一部分，是商务智能的分析处理工具之一，它从多种角度对原始数据进行分析，将其转化为真实反映企业经营情况的并用户所能理解的信息，使用户对数据有更深入的了解，为决策提供依据。

3. 数据挖掘技术

数据挖掘是一种决策支持过程，是一种数据分析工具，它结合了机器学习、数理逻辑、统计学、数据库技术和人工智能技术等众多领域的知识，是解决从大量信息中获取有用知识、提供决策支持的有效途径。

除了以上三种技术，商务智能系统中还采用了其他一些先进技术，如多维度分析（multi-dimensional analysis）以及可视化（visualization）的呈现技术等，它们也是商务智能系统中不可或缺的。

多维度分析指的是使用者可以依照分析的需求和目标，使用各种不同维度的观点来动态地汇总与呈现数据。相较之下，传统报表内容与更新频率经过信息人员开发完成之后，就不具有变更的弹性，当管理阶层希望从其他角度来分析同一组数据的话，就需要信息人员另外开发一种报表，相对缺乏效率。若能借由数据仓储将数据经由妥善的安排，组织成用户容易理解的存放方法，使用者即可自己选择要分析的数据范围并设计报表内容，迅速取得所需的信息。

可视化则是考虑到人类对于图形和颜色的解读能力，比起对大量数字的解读能力还要来得高。因此，商业智能系统用类似于仪表板（dashboard）的图形化接口在同一个画面中放入数个关键绩效指标（key performance index，KPI），然后以图形来代表数据的差异，并采用颜色管理的方法对每个 KPI 分别使用不同颜色代表显示范围。另一方面，可视化功能还包括可以直接点选图形，以进行向下分析（drill-down）来取得更细节的数据，提供管理者掌握现况的信息。

（三）商务智能的意义

从信息系统的观点来看，内建商业智能和大数据分析模式的商业智能系统（business intelligence system）通过信息技术统整散落在不同平台的数据，能结合数据与分析工具，优化决策所需的数据存取与分析，包含基础建设、工具与应用，将复杂且具有竞争力的商业信息和决策建议呈现给决策者。因此企业可以根据管理指标或 KPI 来汇总数据，并且转变成有用的商业信息以提供决策者进行在线分析处理等数据分析分法，以回答商业问题、预测趋势以及辅助商业决策的系统。。

商业智能强调的是提供分析性的营运信息以及简单且多维度的数据查询，以高度可视化的方式呈现信息等特色，因此高阶主管信息系统（executive information system，EIS）亦是商业智能的应用之一，而商业智能和数据挖掘工具就成为提供 EIS 内涵的分析工具，其目的都是要帮助决策者获得足够的信息来架构以及解决决策问题。

三、云计算

以前由于条件的限制，个人使用计算机软件与企业建立和开发系统，都需要一定的预算。例如，个人首先需要在自己的电脑上安装各种软件，这些软件有些免费，而有些软件需要额外付费。即使是不经常使用的付费软件，也需要购买后才能使用。而对于企业来说，如果需要建立一套软件系统，除了需要购买硬件等基础设施外还需要购买软件的许可证，同时，需要由专门的人员维护。随着企业规模的扩张和需求的增加，各种软、硬件设施需要通过不断升级来完成工作、获取盈利、提高效率。但事实上，企业真正所需要的并不是计算机的硬件和软件本身，如何通过租用和共享来减少支出，对企业来说，真的是再好不过。

部分服务提供商抓住这个机会，纷纷开始思考：为给个人和企业用户提供更多的便捷，是否可以提供某种服务，例如，将软件以租赁的方式提供给用户？这样，用户只需要交纳少量租金，就可使用这些软件服务，不仅能够节省许多购买软、硬件的资金，还能够及时更新服务资源。在计算机应用中推广这种服务模式的想法最终导致了云计算的产生。

云计算改变了人们的生活和工作方式，为人们的生活提供了无限的可能。用户的计算机只需要通过浏览器给"云"发送请求然后接收数据，就能便捷地使用云服务。这样一来，计算机不再需要过大的内存，甚至也不需要购买硬盘和安装各种应用软件，但仍然能获得海量的计算资源、存储空间和各种应用软件等。

（一）云计算的概念

由于人们对云计算的认识还不够全面，云计算也在不断地发展和变化中，因此目前云计算并没有非常严格和准确的定义。

在计算机还没有普及的 20 世纪 60 年代，就有科学家曾经提出"计算机可能变成一种公共资源"。2006 年，谷歌首席执行官艾里克·施密特在搜索引擎大会上第一次提出了云计算的概念。

从云计算概念的提出到不断推广和逐步落地，其作为 IT 产业的革命性发展趋势已经不可逆转，甚至被称为当今世界的第三次技术革命，但到底什么是云计算，却是众说纷纭，有许多种定义，让人云里雾里。

云计算已经成为一个大众化的词语，似乎每个人对于云计算的理解各不相同，如图 1-2 所示，云计算的"云"就是存在于互联网上的服务器集群上的资源，它包括硬件资源（服务器、存储器、CPU 等）和软件资源（应用软件、集成开发环境等）。本地计算机只需要通过互联网发送一个需求信息，远端就有成千上万的计算机为用户提供需要的资源并将结果返回给本地计算机。

最近几年，云计算这一概念经常成为各大报道的头条，虽然大部分人对云计算的真正含义还不是很了解，但是不得不承认，云计算技术在社会生活的诸多领域中已经开始运用。云计算是一种具有开创性的新计算机技术，它是传统计算机和网络技术发展到一定阶段融合的产物。通过互联网提供计算能力，就是云计算的原始含义。

2012 年，国务院政府工作报告将云计算作为国家战略性新兴产业并给出了定义："云计算是基于互联网服务的增加、使用和交付模式，通常涉及通过互联网来提供动态、易扩展且经常是虚拟化的资源。"

云计算能提供更多的厂商和服务类型。云计算的应用和影响力日益扩大，并成为新兴战略性产业之一。云计算体系结构如图 1-2、图 1-3 所示。

图 1-2　云计算

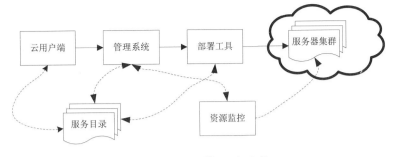

图 1-3　云计算体系结构

在云计算环境下，用户形成了"购买服务"的使用观念，他们面对的不再是复杂的硬件和软件，而是最终的服务。用户不需要购买硬件设施实物，节省了购买费用，同时可以节省等待时间（漫长的供货周期和冗长的项目实施时间），只需要把钱汇给云计算服务提供商，就能立刻享受服务。云计算的最终目标是将计算、服务和应用作为一种公共设施提供给公众。

（二）云计算的特征

目前，大众普遍接受的云计算具有以下特点：

（1）规模化。云计算"资源库"拥有的规模相当大，一般由较多台机器组成"云"的集群，企业的云系统一般拥有几十万台到一百多万台服务器，企业的私有云一般也拥有成百上千台服务器不等。

（2）虚拟化。在互联网的基础上建立了云计算，而互联网本身就是一个虚拟的世界，因此，云计算技术也是虚拟的。事实上，可以把云计算类比成一个存在于网络虚拟世界里的"资源库"，所有用户请求的来源都出自该"资源库"，并非一个个固定的实体。

（3）可靠性高。"将资料存储在硬盘里或计算机中，硬盘或计算机一旦出现故障，或者云系统一旦崩溃，自己的资料会不会无法找回？"这是很多用户的担忧。实际上，"云"使用了数据多副本容错、计算节点同构可互换等措施来保障服务的高可靠性，使用云计算比本地计算机的可靠性要高。因为数据被复制到了多个服务器节点上拥有多个副本（备份），即使遇到意外删除或硬件崩溃存储在云里的数据也不会受到影响。

云计算技术相比于传统的互联网应用模式，它不仅能够从各个方面确保服务的灵活性、高效性和精确性，还能够为用户带来更完美的网络体验以及为企业创造更多的效益。

（4）通用性。为了给用户提供更大的便利，在"云"的支持下可以构造出千变万化的应用，同一个"云"可以支持不同的应用同时运行，用户对是否通用并不用担心。

（5）可扩展性高。为了能够满足应用和用户规模增长的需要，云计算的规模可以动态伸缩，用户可以根据自己的需要进行扩展。

（6）按需服务。云计算有一个庞大的资源库，用户按需购买，可以充分利用资源，不造成资源浪费。

（7）成本低。云计算技术拥有强大的容错能力，其节点的构成成本非常小。用户和企业都能认可它所创造的价值。例如，利用云计算只要花费几百美元和几天时间就能完成以前需要数万美元和历经数月才能完成的任务。

（8）资源的共享性。达到资源共享是云计算运行的目的，同时也是对用户的主要贡献之一。其可以不受地域的限制，即便用户处于世界的另一端，只要被网络覆盖，用户对云数据的需求都能够得到满足。拥有庞大的计算机服务器系统的云计算系统的服务商，它们能够通过网络，建立起一个足够大的平台，然后在这个平台中，用户的计算机或者手机能够获取所需的服务，这样极大地增加了知识和信息的共享性，同时服务商的运营成本也得以降低，真正优化配置了资源。

四、物联网

（一）什么是物联网

物联网概念的兴起，很大程度上得益于 ITU 在 2005 年发布的互联网研究报告，但是 ITU 的研究报告并没有给出一个清晰的物联网的定义。

所有参与物联网研究的技术人员都有一个美好的愿景：将传感器或射频标签嵌入到电网、建筑物、桥梁、公路、铁路，以及我们周围的环境和各种物体之中，并且将这些物体互联成网，形成物联网，实现信息世界与物理世界的融合，使人类对客观世界具有更加全面的感知能力、更加透彻的认知能力、更加智慧的处理能力。如果说互联网、移动互联网的应用主要关注人与信息世界的融合，那么物联网将实现物理世界与信息世界的深度融合。

尽管我们可以在文章与著作中看到多种关于物联网的不同定义，但是，至今仍然没有形成一个公认的定义。在比较了各种物联网定义的基础上，根据目前对物联网技术特点的认知水平，我们提出的物联网定义是：按照约定的协议，将具有"感知、通信、计算"功能的智能物体、系统、信息资源互联起来，实现对物理世界"泛在感知、可靠传输、智慧处理"的智能服务系统。

（二）物联网与互联网的关系

互联网与物联网之间的关系就像"花"和"叶"的辩证关系一样，既像又不像。互联网创造了虚拟世界，而物联网为我们开辟了一个由虚拟转向现实的新领域。互联网在虚拟世界中实现了人与人的联系，而物联网将在回归到实物的现实世界中实现物与物的联系。虚实相生相伴，两者谁也离不开谁。现阶段来看，物联网是基于互联网之上的一种高级网络形态，物联网和互联网之间的共同点在于它们的部分技术基础是相同的。例如，它们都是建立在分组数据技术的基础之上的。尤其在物联网发展的初级阶段，物联网的部分网络基础设施还是要依靠已有的互联网，对互联网有一定的依附性。

物联网和互联网的不同点在于：互联网是一个网络系统，而物联网是一个建立在互联网基础设施之上的一个庞大的应用系统。用于承载物联网和互联网的分组数据网无论是网络组织形态，还是网络的功能和性能，对网络的要求都是不同的。互联网对网络性能的要求是："尽力而为"的传送能力和基于优先级的资源管理，对智能、安全、可信、可控、可管、资源保证性等都没有过高的要求，而物联网对网络的这些要求高得多。

物联网与互联网的差别中，"智能"是一个期望值最大的标签，人类总是期待能够借助物联网使信息自觉地、自治地付诸行动。从发展的角度来看，物联网有"青出于蓝而胜于蓝"之势。但是目前，安全问题是物联网的显著短板。

互联网服务的目标是数字信息，而物联网服务的目标是包括信息和物理设施在内的行业应用。物联网系统中有大量资源受限，甚至对实时性要求很高的终端感知节点，特别是在工业物联网系统中，这些节点对数据传输的实时性要求很高，而传统信息系统的安全保护没有考虑这些因素，因此传统的信息安全保护技术不再适合物联网系统"。由于"资源受限"引发物联网的安全能力的重新考量，是物联网与互联网在现阶段的重要不同之处。

"互联网＋"是互联网创新（包含互联网思维）应用在各个传统产业，使信息技术在其与产业的深度融合中，促使产业结构不断调整、优化、升级的形象化描述。以提高各个产业的效率、效益为美好愿景的"互联网＋"，其本质离不开互联网及其应用场景的升级，以及科学技术作为生产力的强大推动作用。如果说物联网现阶段是"互联网＋things"，那么，物联网高级阶段就是"互联网＋everything"。

五、数据挖掘

（一）数据挖掘的概念

数据挖掘（Data Mining, DM），是从大量的、有噪声的、不完全的、模糊和随机的数据中，提取出隐含在其中的、人们事先不知道的、具有潜在利用价值的信息和知识的过程。所提取到的知识的表示形式可以是概念、规律、规则与模式等。数据挖掘能够对将来的趋势和行为进行预测，从而帮助决策者做出科学和合理的决策。

数据挖掘是一个交叉学科，涉及数据库技术、人工智能、数理统计、机器学习、模式识别、高性能计算、知识工程、神经网络、信息检索、信息的可视化等众多领域，其中数据库技术、机器学习、统计学对数据挖掘的影响最大。对数据挖掘而言，数据库为其提供数据管理技术，机器学习和统计学提供数据分析技术。

从以上定义，可以得到数据挖掘具有以下特点：

①数据量巨大：如何高效地存取大量数据，如何在特定应用领域中找出特定的高效率算法，以及如何选取数据子集，都成为数据挖掘工作者要重点考虑的问题。

②动态性。许多领域的行业数据所包含的规律时效性很强，随着时间和环境的变化规律也在改变。这种数据和知识的迅速变化，就要求数据挖掘能快速做出相应的反应以及时提供决策支持。

③适用性。数据挖掘的规律适用于一部分数据，但不可能适用于全部数据，这是因为外部的环境不可能完全相同。

④系统性。数据挖掘不是一个简单算法，而是一个较为复杂的系统，它需要业务理解、数据理解、数据准备、建模、评估等一系列步骤，是一个不断循环和不断完善的系统工程。

（二）数据挖掘的原理

数据挖掘其实质是综合应用各种技术，对于业务相关的数据进行一系列科学的处理，如图 1-4 所示。其核心是利用算法对处理好的输入和输出数据进行训练，并得到模型；然后再对模型进行验证，使得模型能够在一定程度上刻画出数据由输入到输出的关系；之后再利用该模型，对新输入的数据进行计算，从而得到新的输出，这个输出然后就可以进行解释和应用了。

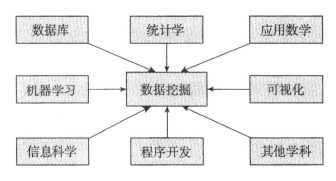

图 1-4　数据挖掘与其他学科的关系

第二章 农业经济理论与互联网变革

农、林、牧、渔业即大农业的生产力在整个社会生产力中具有基础作用。马克思指出，"超过劳动者个人需要的农业劳动生产率，是一切社会的基础""社会为生产小麦、牲畜等等所需要的时间越少，它所赢得的从事其他生产，物质的或精神的生产的时间就越多"。今天的互联网世界，更多地体现出"+"、体现出融合创新。随着新兴业态的成长及传统业态的升级与转型，"互联网+"成为了经济社会的基础设施，"大数据+"成为国家和企业赖以生存与发展的战略性资源。互联网带来的大变革，正催生着各种业态的跨界融合。

第一节 对农业的基本认识

一、农业的概念及特点

（一）农业的概念

"民以食为天"，农业作为国民经济的一个物质生产部门，是人类社会基本生活资料的来源，从古至今都是一个国家的立国之本，强国之基。在农耕时代，农牧业是社会生产力的标志，农业的兴衰决定着一国的兴衰。而进入工业化阶段，农业则可以为工业提供粮食和各种工业原材料，还可以输送城市工业部门所需要的廉价劳动力，甚至可以通过出口农产品换取城市工业发展所需的外汇和技术，使一国获得原始资本积累，从而为经济腾飞创造条件。

在现代社会中，农业被当作国民经济的第一产业，是与工业、服务业等二、三产业相对应的概念，主要是指利用可再生的自然资源（如土地、水、气和太阳能等），依靠生物体的自然生长发育和转化，通过人工培育，生产供人类生存和生活以及再生产所需要产品的生产活动。农业是国民经济发展的基础和保障，国民经济其他部门发展的规模和速度，都要受到农业生产力发展水平和农业生产率高低的制约。

在我国，农业的概念存在狭义农业和广义农业之分。狭义的农业仅指种植业或者农作物栽培业，包括粮食作物、经济作物、果林、饲料作物、油料及能源作物等的种植或栽培；广义的农业包括种植业、林业、畜牧业、副业和渔业，因此又被称为大农业。在我国，提到农业，第一印象就是粮食、蔬菜等种植业，因为中国农业数千年来一直以种植业为主，包括粮食作物、经济作物、饲料作物和绿肥等的生产。目前，种植业在我国农业总产值中所占的比重为 30% ~50%。

（二）农业的特点

与工业品相比，农业生产的对象都是有生命的有机体，最终产品的形成还要依赖于一定的环境条件，所以，农业生产受到的客观影响较多、不确定性较大。农业生产主要有以下特点：

1. 农业的生产时间与劳动时间不一致

农产品的生产除了人力的劳动付出以外，还要经过生产对象的自然生长过程，这造成了农业生产时间和劳动时间的不一致。劳动时间是指根据农产品生产的实际需要而投入劳动的时间，农业生产的劳动时间主要集中在农产品生长的前期以及后期，因为农产品具有较长的自然生长周期。如对于种植业来说，由于劳动时间仅仅是生产时间的一部分，同时由于劳动的投入时间与投入数量，是由错综复杂的自然、经济、技术条件决定的，事先并没有（也不可能有）统一的规定。即劳动者什么时间整地、播种、浇水、施肥、除草、中耕、除虫、收割等，只能根据不同地点、不同作物品种，不同气候、不同技术措施，机动而又灵活地决定。

2. 土地是农业生产最根本的生产资料

农产品的生产受到生产活动所处区位土地品级的影响。土地是植物生长的场所，为其提供养分、水分，是动、植物生长发育的重要环境条件。因此，土地的数量、质量和位置都是农业生产的重要制约因素。另外，不同区域的土地具有不同的气候、水源、土质、肥力、耕作方式、人文特征、制度法规，这决定了农作物的长期生长状况和产出水平。不同的农作物适宜在不同的土壤和气候状况下生长，也就体现了地域性对农业生产的制约作用。

3. 农业生产具有周期性和季节性的特点

由于农业生产的主要劳动对象是有生命的动、植物，而动、植物的生长发育有其生命活动周期。比如，农作物生长发育受热量、水分、光照等自然因素影响，这些自然因素随季节而变化，并有一定的周期，所以农业生产的一切活动都与季节有关，从播种到收割需要按季节顺序安排。同样，捕鱼、造林、畜牧等也有季节性和周期性。上述情况决定了农业生产中劳动力和其他生产资料利用的季节性、资金支出的不均衡性和产品收获的间断性。农业生产的季节性，一方面表明根据农时安排生产的重要性，另一方面表明农户多种经营和兼业经营的必要性。多种经营和兼业经营不仅可以比较充分地利用剩余劳动力和剩余劳动时间以增加生产，同时也可以用其经营的收入弥补资金支出不均衡和农产品收获间断所造成的收支缺口。

4. 生产经营过程的不确定性大

气候、天气、温度、疫情、自然灾害等自然因素都会对农业生产构成较大冲击。因此，农产品的生产相对于工业品，面临更大的风险性，这种风险主要来源于自然和市场的双重不确定性。农业的发展离不开自然界，受多种自然因素的影响。农业的自然风险主要表现在气象灾害、病害和虫害三个方面。特别是我国幅员辽阔，地理环境和气候千差万别，自然灾害不仅种类多、频率高、强度大，而且还具有时空分布广、地域组合明显、受损面广、损害严重等特征。在农业生产和农产品销售过程中，由于市场供求失衡、农产品价格波动、经济贸易条件等因素变化、资本市场态势变化等方面的影响，或者由于经营管理不善、信息不对称、市场前景预测偏差等，会导致农户经济上遭受损失。另外，农业生产的季节性、周期性，生产和销售时间的不一致性，农产品供给弹性、产品差异性较小，农产品易腐、不耐保存等特点。都加大了农业生产的市场风险。

5. 既是生产资料又是生活资料，也是本身的生产资料

农业最基本的功能是为人类生存和发展提供必需的食品、衣物等生活资料。除了提供衣、食等生活用品外，农业还会为农业农村部门以及非农业农村部门提供生产原料。在工业化早期，工业一般都是以农产品加工为主，如食品加工业、造纸业、纺织业等要依赖农业提供的大量原材料。农业也需要自身的产品作为生产资料，比如，种植业需要种子、牲口等，养殖业需要谷物等作物作为饲料。

二、农业的基础性地位

（一）农业是国民经济的基础

农业是人类的衣食之源、生存之本，也是国民经济的基础。农业是提供人类生存必需品和生产资料的部门，任何社会都需要农业农村部门提供的基本生活资料特别是食物，同时农业也是支撑国民经济建设与发展的基础产业，国民经济其他部门发展的规模和速度，都要受到农业生产力发展水平和农业劳动生产率高低的制约。因为，这些部门进一步发展所需要的土地和劳动力都是从农业农村部门转移出来的。可见，没有农业的发展，其他经济部门就不能从农业中完全分离出来；即使能够分离出来，各经济部门的进一步发展也需要农业发展的支撑。

需要注意的是，随着工业、服务业的不断发展以及社会分工的不断深化，农业在国民经济总产值中的比重逐渐下降，但这并不会动摇农业的基础地位，因为农业的基础地位并不能单以产值比重和从业人员数量来衡量。

就我国而言，绝大多数人口还生活在农村，农业的发展直接关系到广大农民生活水平的提高。但目前我国农业相对还比较落后，已成为国民经济中的短板。因此，农业是我国人民生活水平提高，现代化建设、社会稳定的基础，并最终决定着国民经济其他各部门的发展规模和速度，是我国能否全面实现现代化战略目标的关键。

（二）农业的基础作用

1. 农业是粮食等基本生活资料的来源

农业是人类生存之本、衣食之源。劳动力的再生产是社会得以延续和发展的最起码、最基本的条件，而要维持劳动力再生产，即人们要生存，首先要有必不可少的粮食等生活必需品。没有这些农业所提供的生活必需品，一切人类活动都会终止，劳动力的再生产也会终止。人类最早所必需的一切生活资料，几乎全部来自农业。现在来自农业的比重有下降的趋势，但是农业产品及其加工品仍是人类物质生活资料的主要成分。

随着科学技术的不断进步，农业的劳动生产率不断提高。农业劳动生产率越高，农业所提供的剩余粮食等必需品越多，社会就能够把更多的劳动力用于工业、商业、文化教育事业等，这些事业就有可能得到更快的发展。反之，如果农业生产率低下，则提供的商品粮少，工业和其他行业的发展就会受到粮食产量的制约。

总而言之，农业能够提供多少商品，不仅关系到城乡人民生活的改善，而且直接影响到工业和其他行业的发展规模与发展速度。

2. 农业是劳动力的主要来源

工业和其他事业所需的劳动力，一部分来自城市，但大部分要依靠农村提供。只有农业劳动生产率提高了，才能从农业中节约出更多的劳动力，并把他们输送到工业和国民经济其他部门。

3. 农业是原料的重要来源

工业生产所需要的原料，除了由工业本身提供外，很大一部分还由农业提供。随着工业和生产技术的发展，由工业本身提供的原料的比重将会逐步增加，但农业原料在相当长的时期内仍占有重要地位。

4. 农业是重要市场

随着农业和农村的现代化，农村这个最广阔的市场对商品、资金、技术的需要和消化能力将逐步提高。它是工业产品与其他商品、资金和技术的重要市场。

5. 农业是资金积累的重要来源

发展国民经济所需要的资金来源有很大一部分同农业有关系。农业通过农产品加工生产、运输和向农业销售工业品所得的商业利润上缴部分积累起来的资金。

三、现代农业

农业是人类社会中最古老的产业，历史悠久。从石器时代到 21 世纪的今天，农业经过上千年的发展，演绎了从原始农业到古代农业、近代农业、现代农业的辉煌历程。

（一）现代农业的内涵

现代农业是基于现代工业、现代科学技术，以现代发展理念为指导思想，采用现代经营管理形式，以实现农工商贸有机结合和生产、加工、销售紧密衔接为目标，是功能多样、遵循可持续发展原则的产业体系。现代农业是农业发展的一个 新阶段，它以市场为导向，倡导农业生产的"高产、优质、高效、生态、安全"，是一种技术密集型的发达农业。发展现代农业的过程，是践行科学发展观的过程，是增强农业可持续发展能力和综合竞争力的过程，也是运用现代科学技术改造传统农业、转变农业发展方式的过程。

（二）现代农业的特征

1. 综合生产率比较高

现代农业的特征包括较高的土地产出率和劳动生产率，衡量现代农业发展水平的最重要标志就是农业成为经济效益高和市场竞争力强的产业。

2. 成为可持续发展的产业

农业上千年的发展史足以证明其本身是可持续发展的产业。而在现代农业中，要充分发挥农业区域生态环境良好的优势，大力发展有机农业、生态农业、绿色农业，以促进资源的再利用，实现区域生态的良性循环。

3. 成为高度商业化的产业

农业生产以市场为导向，商品率高。而商业化是以市场体系为基础的，因此，现代农业必须要建立包括农产品现代流通体系在内的完善的市场体系。

4.农业生产物质条件的现代化

现代农业在比较完善的生产条件和现代化物质装备的基础上，集约高效地使用包括物质投入和农业劳动力投入在内的各种现代生产投入要素，以实现提高农业生产率的目的。

5.农业科学技术的现代化

现代农业注重运用先进的农业科学技术和生物技术，采用适用的生产模式，以降低生产成本，提高农产品质量，促使农产品向多样化、优质化、标准化方向发展。现代农业的发展过程是现代科学技术与传统农业相结合的过程：既是将先进科技运用于农业领域的过程，也是用现代科学技术改造传统农业、发展传统农业的过程。

6.管理方式的现代化

现代农业要求引进先进的经营管理方式、管理技术，打造相对完整、联系密切、衔接有序的产业链条，贯穿农业生产的前期、中期和后期，提高农业生产的组织化程度。现代农业还具有较为稳定高效的农产品加工转型和分销渠道以及高效的现代农业管理体系。

7.农民素质的现代化

现代农业的典型特征和建设现代农业的前置条件是拥有较高素质的农业经营管理人才和劳动力。农民是农业的主体，是发展农业的关键所在，所以要提高农民素质，包括科技素质和人文素养。

8.生产的规模化、专业化和区域化

这是现代农业发展的必然趋势，通过实现农业生产经营的规模化、专业化和区域化，降低农业生产的成本，提高农业的经济效益和市场竞争力。

9.建立与现代农业相适应的政府宏观调控机制

综合运用各种经济手段、法律手段对农业进行宏观调控，建立健全包括法律体系和政策体系在内的农业支持保护体系。

第二节　农业产业结构与生产布局

一、农业产业结构的含义

农业产业结构也称为农业生产结构，指一定地域（国家、地区或农业企业）范围内农业各生产部门的组成及相互关系。农业生产结构是农村产业结构的重要组成部分，如农业中农、林、牧、副、渔各业的比重，种植业中粮食作物与经济作物的比重。农业生产结构通常用农业总产值构成、农业用地构成、播种面积构成、劳动力占用和资金占用构成等经济指标来反映。农业生产结构是否合理，对农业和整个国民经济的发展影响极大。合理的农业生产结构能更多地满足人民群众对农产品的需要；能充分合理地利用当地的自然资源和社会经济资源，以保证最大限度地提高农业生产的经济效益；符合保持和改善生态平衡的要求，能够提高农业生产的生态效益，保证农业生产的持续稳定发展。当前，我国进行的优化农业产业结构工作，其基础就是首先调整好农业生产结构，因为农业生产结构是农业产业结构的基础，前者决定后者。

根据农业生产结构所包括的部门以及部门内部生产门类的特点和比例关系的不同，可以划分为不同层次、不同类型的生产结构。一是农业生产结构的部门类型。农业生产中各生产部门范围的大小不同，构成了不同层次的农业生产结构的部门类型，通常所讲的农业生产结构就是指这种部门类型结构。二是农业生产结构的区域类型。不同地域类型的区间关系表现为不同类型区域之间农业生产的地域化专业分工。就区内关系而言，表现了不同类型地区内各农业生产部门的空间配置。

科学地认识和正确地确定农业生产内部的比例及其相互关系是保证农业生产健康发展的重要问题。合理的农业结构有利于发挥农业内部各部门之间相互促进的关系；有利于农业生态系统的各因素之间保持相对的协调和稳定，充分合理地利用自然资源和经济资源；还能够满足国民经济对农产品的需求。

研究农业生产结构与确定农业发展的方针和道路具有密切关系。例如，一个地区或一个国家在农业发展方针上以种植业为主或以畜牧业为主，就是农业生产结构的形成与变革的问题。一般来说，种植业、畜牧业与林业的比例是农业生产结构的基本问题，但某些农作物生产种类结构的比例调整也可以成为关系整个国民经济发展的重要问题。

二、农业产业结构的特征及作用

（一）农业产业结构的基本特征

1. 整体性

农业产业结构是各种自然再生产过程和经济再生产过程的交织，尽管农业产业结构也可以适应各种需要而分解为许多侧面和层次，但仍然是一个有机整体。孤立研究某个侧面只会获得局部的片面结果，农业产业结构的整体性，要求从整体观念出发，加强对农业产业结构进行系统性的研究。

2. 多层次性

农业产业结构是多层次的主体结构，它的多层次性表现在农业生产是社会物质生产的一个重要部门，由于劳动对象、劳动工具和生产过程的不同，又分为互相区别、互相联系的不同部门。因此，农业产业结构是一个多层次的复合体。无论从全国，还是从一个地区或一个企业考察，农业产业结构都具有多层次性。从部门来说，一般可以划分为农、林、牧、渔各业，称之为一级产业结构。在一级结构的每个产业部门内部，因产品性质和生产过程的不同，又可划分若干小的生产部门，称之为二级产业结构。如种植业内部可分为粮食作物、经济作物和饲料作物生产部门，畜牧业内部可分为养猪业、养牛业、养羊业、养禽业等。在二级生产结构内部，又可以根据产品种类和经济用途不同而划分为若干种类，称之为三级生产结构。如粮食作物可分为玉米、小麦、水稻、薯类等；养牛业可分为肉牛和奶牛等。以此类推，还可以分为四级结构、五级结构。总之，农业产业结构随着生产的发展和社会分工的扩大，有划分得越来越细的趋势。农业产业结构的多层性研究，对于充分利用多种多样的自然资源和经济资源，发挥地区优势，合理利用各业的中间产品和副产品，提高劳动生产率和土地生产率以及提高经济效益都有重要意义。

3. 动态性

多种多样的农业产业结构受一定的时间、空间条件的影响，随着时间、空间条件的运动变化，农业产业结构也在不断地发生着变化，一成不变的农业产业结构是不存在的，研究农业产业结构的动态规律是农业经济学的基本研究任务之一。

但是，农业产业结构总是具有一定的相对合理性和相对稳定性。它的形成和发展与当时各种经济因素、自然环境因素有着直接关系。因此，调整农业产业结构，要从客观实际出发，因势利导，既要注意农业产业结构的整体性、多层次性、动态性，又要保持农业产业结构的相对稳定性。这样，才能使农业产业结构经常处于良性循环之中。

（二）农业产业结构的作用

一定的农业产业结构是一定的生产力发展水平的结果，但是，一定的农业产业结构一经形成，又会反过来给农业生产力和社会经济发展施以重要影响，其作用主要表现在以下几个方面：

1. 对农业自然资源利用的影响

任何一个国家或地区的农业自然资源都是多种多样的，但是，由于不同的资源所适应的农业生产部门和项目是不大相同的，所以，当农业产业结构间资源的特点相适应时，就会使农业自然资源得到合理利用，否则就会闲置或浪费自然资源。

2. 对农业内部物质能相互转化的影响

农业内部各个生产部门、生产项目之间存在着物质能量的相互转化、相互利用关系，合理的农业产业结构可以促进这种关系，从而有利于农业生产的发展。

3. 对农业劳动力资源利用的影响

农业劳动力资源能否充分合理利用同农业产业结构的状况关系十分密切，因为不同的农业生产部门、不同的农业生产项目能够经济合理容纳劳动力的数量是不大相同的。

4. 对满足社会农产品需求的影响

国民经济的发展，需要农业按比例地提供各种农产品。农业生产能够满足这些需求，就能推动社会生产力的发展。而农业能否做到这一点，以及能在多大程度上做到这一点，都同农业产业结构是否合理有着密切联系。

三、农业产业结构的调整与优化

（一）农业产业结构的调整

根据农业生产结构发展的一般趋势和我国的国情以及农业生产结构的现状，我国农业生产结构调整的任务一是调整农业的部门结构，全面发展农、林、牧、副、渔各业；二是优化区域结构，充分合理地利用各地的资源。

我国农业生产部门结构调整的基本原则是保证在粮食生产稳定增长的基础上，加速发展林、牧、副、渔各业，提高林、牧、副、渔业在农业生产结构中的比重。畜牧业要逐步从辅助、次要的生产部门上升为独立的主要的生产部门。

农业生产部门结构的合理化还需要调整农、林、牧、渔各业的内部结构。

（1）作物栽培业内部生产结构的调整，主要是正确处理好粮食和经济作物的发展关系，应在稳定粮食播种面积的前提下合理安排经济作物的面积，同时应根据市场需求，调整粮食和经济作物内部的品种结构。

（2）畜牧业内部结构的调整，主要是调整畜种结构、畜群结构、饲料品种结构和畜群地区分布结构。要特别注意在稳定发展生猪生产的同时加速发展饲料转化效率高的禽、蛋、奶生产，提高食草家畜的比重。

（3）调整林业内部结构，主要应在保证森林覆盖率逐步上升、林木蓄积量不断增加的前提下调整好林种结构，加大经济林、防护林的比重。

（4）调整渔业内部结构，重点是发展水产养殖。在以淡水养殖业为主的同时，积极地、科学地开展海洋水产养殖与捕捞。

我国幅员辽阔，各地自然条件、社会经济条件和生产力发展水平千差万别。所以，在调整农业生产部门结构时，经济特区、沿海经济发达区、大中城市郊区、平原区、丘陵区、山区、湖区等要因地制宜地利用各地资源，充分发挥各地的资源优势，建立各具特色的农业区域结构。在综合发展的基础上，选择适合当地的产业重点，发展农业生产的区域化和专业化，形成各种不同的结构模式。

（二）农业产业结构的优化

为适应农业发展新阶段的要求，今后应转变思路，把农业生产结构调整作为农民增收的重要途径，按照以市场需求为导向，以科技和制度创新为手段，以提高农业综合效益和增加农民收入为目标，发挥区域比较优势，实现农业和农村经济快速增长和农民收入水平迅速提高的原则进行农业生产结构调整。为此应做到：

1. 发挥市场机制作用，优化农业内部结构

农民收入增长缓慢是农业发展受市场需求约束的集中表现。当前，农产品结构不完全适应消费多样化的需求，多数农产品处于阶段性、结构性供过于求，优质农产品却供不应求，产品品质结构不合理的矛盾十分突出。今后应调整种植业的结构，改变传统的以粮食和经济作物为主的二元结构，向粮食—饲料—经济作物协调发展、农牧业相互促进的新型三元结构发展，注意根据市场消费需求状况，优化农作物品种，通过品种改良和新品种开发，扩大优质农产品生产，加速农产品品种的更新换代；大力发展畜牧业，促进种植业，带动加工业，延长农业生产的链条，实现农产品转化增值，大幅度增加农民收入；积极发展渔业，保护和合理开发滩涂、水面等宜渔资源，加速品种更新换代，提高高档鱼类比重，向优质

化、多样化发展；调整农业生产布局，发挥区域比较优势，发展特色农业，获取比较利益。

2.实施技术创新，提高农产品市场竞争力和附加值

技术创新是提高农产品市场竞争力的有效途径，是农业结构调整的重要动力。农业结构调整的过程也是农业科学技术应用的过程。只有加快农业科技进步，提高农产品的科技含量和质量，增加产品的花色品种，才能促进农业结构优化和产业升级，增强产品在国内、国际市场的竞争力和附加值。今后，在大力发展绿色农业、环保农业、生态农业等可持续发展农业的同时，采用先进的间作套种技术、生物治虫技术等，提高农产品的产量和品质。还要注重加强农产品储藏、运输、加工、销售等产前和产后技术的研究和推广。

3.积极发展农业产业化经营，完善农产品流通体制

农业产业化是在市场经济条件下适应生产力发展要求的新的生产经营方式，是联结生产与市场的桥梁。"公司＋市场＋农户"是实现农业产业化经营的基本形式，它可以向农产品生产者及时反馈市场信号，并为农产品生产者开辟销售渠道。通过市场引导"龙头"企业，"龙头"企业带动农户，减少农民生产的盲目性，合理确定农产品生产基地主导产业和布局，把农业结构调整引导到依靠市场配置农业资源上来。同时，农业产业化往往将农产品的加工、销售、储藏、运输连为一体，从而相应带动农村加工业、运输业、营销业、服务业等产业的共同发展，进一步促进农民收入增长。

调整农产品生产结构，顺应市场需求变化，必须加快农产品市场流通体制改革，提高农产品市场一体化程度和运行效益，培养和健全市场中介组织，加快储存、交通、通信等基础设施建设，以满足不断增长的贸易的需要。降低农产品市场流通费用，建立健全农产品质量标准、等级、包装和质量控制系统。

4.加快发展乡镇企业和小城镇，实现农业剩余劳动力合理转移

小城镇是农村剩余劳动力转移的巨大载体。我国农业人口多、人均耕地少，把农民捆在有限的耕地上绝对不能使农民不断增收走向富裕。加快发展小城镇能够带动建筑、商业、饮食、服务和旅游等产业的发展，有利于调整农村产业结构，引导农业劳动力从效益低的产业向效益高的产业转移。

发展小城镇必须与发展乡镇企业有机地结合起来。乡镇企业要加快调整产业和产品结构，要立足于本地资源，在农产品深加工、精加工上下功夫，提高农产品的附加值。结合农业结构调整，依靠科技进步，着重发展农副产品加工和储藏保鲜、运销业，提高乡镇企业的竞争能力，发挥乡镇企业的龙头作用。

四、农业生产布局

（一）农业生产布局的概念

农业生产布局简称农业布局，亦称农业配置，指农业的地域分布，是农业内部分工在地域空间上的表现形式。其主要内容包括：农业生产地区间的分工区内农业各部门的结合形式和比例关系及具体安排，各农业区域间的经济交流和相互关系。

农业生产地区间的分工是指按各地区的自然。经济资源的不同，确定其生产的专业化方向及其规模，如农产品商品生产基地的选择及安排。区内农业各部门的结合形式和比例关系是指区内的生产组合和空间分布，包括区内有限资源的合理配置、优势产业和拳头商品的开发等。各区域间的经济交流及其相互关系是指在地区分工和生产专业化基础上的纵向及横向的交流与合作。

合理进行农业布局，有利于发挥各地优势，提高经济效益。生态效益和社会效益；有利于应用先进的技术和装备，提高农业生产区域化、专业化水平；有利于农业、工业、交通运输业和商业在关联设施的区域配置上密切配合，从而提高全社会生产力要素配置的合理性；有利于促进各地区经济的均衡发展，促进边疆和少数民族地区的经济繁荣，加强民族团结。[①]

（二）农业生产布局的特点

1. 农业生产布局的社会性

农业生产布局在不同的社会制度下，表现为不同的形态，发挥着不同的作用，不同的利益主体和消费群体对农业生产布局有很大的影响，因而，一个国家、地区的农业生产布局往往具有显著的社会性特征。

2. 农业生产布局的时代性

农业生产布局受社会生产力水平的影响，农产品的供给和需求出现阶段性不平衡使其在同一社会制度的不同时期体现出不同的特点，只有不断地进行调整优化，才能使农业的布局结构符合时代发展的要求。

3. 农业生产布局的科学性

农业是依赖自然生态环境条件发展起来的为人们提供基本生活资料的物质生产部门，农业生产对自然资源要素具有高度的依赖性。因此，农业生产的每一步都要符合自然规律，

① 方天坤：《农业经济管理》，中国农业大学出版社，2019年，第121页。

都要适应动植物的生长特征。所以，农业生产布局必须遵循客观规律，在对生产条件进行充分调研的基础上，利用科学方法进行合理布局，方能发挥农业的区域优势，达到预期的目的。

4. 农业生产布局的效益性

农业生产的过程实质上是投入产出的转换过程，其根本目的是满足人们对农产品的多样化需求。这一过程充分体现了农业生产的效益性，没有效益就没有积累，农业再生产就不能维持，也就谈不上发展。而农业作为国民经济的基础产业，其效益不仅体现在经济效益上，同时还体现在社会效益和生态效益上，只有三者很好地结合，才能实现农业的可持续发展，农业生产才能实现环境友好、资源节约、高效合理。

（三）农业生产布局的影响因素

农业是自然再生产和经济再生产相结合的物质生产部门，因而农业生产布局既受到光、热、水、土等自然要素的直接影响，又受到不同经济社会发展条件下市场、区位、技术、环境等因素的间接影响。

1. 资源因素

资源因素包括气候、土壤、植被、燃料、动力、森林和水力资源等，另外还包括地理位置。农业生产的自然再生产过程，也就是农产品生长、发育和繁殖的生理过程，都受到周围的自然环境，特别是光、热、水、土等条件的制约和影响。农产品对其生产的自然环境都有一定的要求，特定地域的农业自然条件对于特定作物和动物而言，有最适宜区、适宜区、较适宜区和不适宜区之分，这决定了农业生产必须遵循农业自然资源的生态适宜性进行布局。

2. 市场因素

市场需求规模、结构差异及其变化对农业产业布局具有决定性影响。各种农产品的需求结构不同，产业区域分布要求也不同。如粮食属于刚性产品，自给比例高。耐储运，布局带流通量大，因此粮食生产布局可远离消费中心。蔬菜商品率高，收入弹性大，其消费量与人民收入水平密切相关，产品的保鲜程度对价格影响大，因此布局应尽可能接近消费中心。经济作物商品率高，主要为轻工业提供原料，必须与轻工业发展品质要求相适应才能长远发展，布局应尽可能接近加工企业。

3. 区位因素

区位因素包括交通区位和贸易区位，主要通过降低运输成本。交易成本等影响农业产业布局。交通区位对农业生产的规模和布局有明显影响，运输成本高。交通不便利的地区会使具有适宜性的农业资源在经济上变得不可行，难以使资源优势转变为商品比较优势。因此，交通区位条件的改善或靠近交通干线和交通枢纽的地区，能有效发挥区域农业自然资源优势。贸易区位是外向型农村产业布局的关键因素，经济的一体化和区域化趋势，对农产品市场及其国际贸易影响很大。作为幅员辽阔的大陆国家，我国不同地区对外空间的区位条件各不相同。其中的沿海、沿边地区具有更为有利的农产品国家贸易区位优势。

4. 技术因素

对农业生产布局产生直接影响的技术包括农业生产、储运、加工、销售等技术。现代以生物技术为核心的生产技术创新，可以突破生产布局的时空约束，农作物品种改良，加速各种抗逆品种、优质专用品种的研制与推广，可提高产品的生态适宜性，显著改变产品的生产空间分布格局。新农具、新栽培技术的应用有利于抢农时，利用全年的农作物生长期，从而扩大产业布局的范围和规模。储运、加工、销售技术的创新，有利于改善鲜活农产品的区位条件。提高农产品附加值、开拓新市场，推动农业生产布局向广度与深度拓展。

5. 环境因素

农业产业布局的形成与生态环境和政策环境密切相关。随着水土流失、土地退化、农业面临污染等一系列生态环境问题的出现，人们日益关注生产农产品的产地环境质量状况，原产地环境因素在农业生产布局的形成和市场竞争中的作用将越来越显著。政策环境主要通过营造制度环境作用于农业生产布局，在农业生产布局中忽视或扩大政府因素都是不科学的。基于此，大多数国家的政府均是介入农产品国际竞争力研究，基于研究和比较不断修改和完善其政策和法律，进而通过创造有竞争力的经济环境影响农业生产布局的空间位置和规模，最终促进优势农产品区域竞争力的提高。

（四）农业生产布局存在的问题及合理化途径

1. 农业生产布局存在的问题

近年来，我国农业生态布局的调整虽然取得了初步成效，但"小而全、大而全"的农业布局和结构雷同问题仍很突出，特别是优质专用农产品生产还比较分散，区域分工、专业化生产格局尚未完全形成，地区比较优势也未能在农业产业结构中充分体现。具体表现在以下几个方面：

（1）农业生产结构不合理的现象还未根本改变

农业生产布局从总体上看，种植业所占比重较大，林、牧、渔业所占比重较小，这种布局状况首先是难以满足社会对农产品多样化的需求；其次，制约了农业各部门相互促进发展；最后，不能充分发挥我国农业资源种类繁多、地区差异大的优势。

（2）农业生产的区域配置仍不合理

目前，我国还没有完全形成宜农则农、宜牧则牧、宜林则林、宜渔则渔的合理的农业生产布局。造成农业生产地区布局不合理的原因，除了小农经济"小而全"的特点外，还因为以前没有按照客观规律来安排农业生产，片面强调"以粮为纲""一刀切"，追求"小而全"，强调"一切自给"等，造成农业地域特色不明显，农业生产专业化程度低，农产品质量标准和商品率不高，从而使农业生产布局的合理化受到严重影响。

2. 实现农业合理布局的途径

（1）重视农业与其他产业的协调与配合

从国家和地区战略层面来看，农业是其他产业发展的基础，必须从宏观层面对农业、第二产业、第三产业等做好合理布局，以提高资源利用率，增加各产业的经济和社会效益。

（2）促进农业的地域分工和专业化生产

根据我国实际情况，按照因地制宜、适当集中原则，有计划地按地域建立一批农产品商品基地和优势农产品产业带，提高农业生产的专业化水平，既有利于迅速扩大商品农产品生产，保证社会需求，也有利于充分利用资源，发挥区位优势，提高经济效益。农业生产的区域专业化，是农业合理布局的表现，专业化的发展过程，也是农业布局合理化的过程。农业的专业化生产是农业生产布局演变的必然趋势，专业化水平的提高必将导致农业布局的变化。

（3）不放松粮食生产，积极发展多种经营

我国人口众多，在国民经济发展全局中，粮食始终被视为特殊商品和战略物资。随着人口增长以及人民生活水平提高，我国的粮食需求总量将保持刚性增长趋势，未来粮食供给的压力会越来越大。实现粮食安全是一项长期、艰巨的任务，绷紧粮食安全这根弦，长抓不懈，是我们的一项基本国策。在调整农业的布局结构时，应特别注意粮食的安全生产与供应，建设好商品粮基地。同时，应积极开展多种经营，以建立合理的农业产业结构和良好的生态系统，推动农林牧渔各业持续协调发展。

（4）强化市场导向，发展适销对路的农业生产项目

社会经济联系的整体性决定了农业生产布局不能仅从农业农村部门发展出发，还必须考虑一定时期市场需求，特别是一定时期城市需求，即非农业需求。农业生产布局要坚持农、工、商一体化思想以及城乡一体化思想，以城市和市场为中心成为市场经济条件下农业生产布局的鲜明特点。

（5）重视农业科学技术研发，强化科技支撑

当前，科学技术在世界农业领域得到了广泛应用，新的农业科技革命正在蓬勃兴起。一是以"全球卫星定位系统"为代表的高科技设备应用于农业生产，这将大大提高农业的生产水平；二是树立"互联网＋"思维，借助互联网电子商务平台可以优化农产品产、供、销网络布局提高农产品流通效率；三是以基因工程为核心的现代生物技术应用于农业领域，将培育出更多产量更高、质量更优、适应性更强的新品种，使农业的生产布局突破原有自然资源条件约束，越来越多地受到人类的直接控制。

第三节　互联网环境下的农业经济发展形势

一、农业发展环境将持续向好

中国国家信息化发展指数在世界上的排名从 2012 年第 36 位迅速攀升至 2016 年的第 25 位，在全球新一轮科技革命和产业变革中，中国互联网与各领域的融合发展具有广阔前景和无限潜力，已成为不可阻挡的时代潮流。农业农村信息基础设施将明显提速。信息基础设施是信息社会的高速公路，通达与否关系着农民的增收、农业的发展和农村的繁荣。

二、农业技术创新步伐将不断加快

在信息社会，互联网、物联网、大数据、电子商务等新技术的更新换代将日益加快，驱动网络空间从人人互联向万物互联演进，使得数字化、网络化、智能化成为技术演进的重要趋势。

例如，农业物联网技术的发展将引发我国农业生产智能化全新的变革。农业物联网的广泛深层次应用，能够促进农业生产方式向高产、高效、低耗、优质、生态和安全的方向转变。大数据技术创新将驱动农业监测预警快速发展。农业大数据科学对数据处理。

三、农业新兴业态将不断涌现

农村改革持续推进，"互联网＋"新业态不断涌现、数字红利持续释放，成为"后金融危机"时代经济可持续发展的重要新引擎。今后"互联网＋"将与农业电子商务、农业生产资料、休闲农业及民宿旅游、美丽乡村建设等深入结合，催生出大量新产品、新业态，为农业转型升级注入强劲驱动力。

例如，"互联网+"农业电子商务，催生农业经营新模式不断涌现。电子商务是网络化的新型经济活动，是推动"互联网+"发展的重要力量，是新经济的主要组成部分。随着运用互联网开展经营的农民和新型农业经营主体数量大幅上升，农业电子商务将广泛渗透到农业生产、流通、消费等领域，进入高速增长阶段。"互联网+"乡村旅游，将促进农村绿色生态发展和农民持续增收。"互联网+"乡村旅游将成为解决"三农"问题最直接有效的途径之一。

四、农业创新创业将大有可为

互联网日益成为引领创新、驱动转型的先导力量，"互联网+"现代农业和新农民创业创新大有可为。

"新农民"群体的涌现让"农民"成为体面、有尊严的职业。虽然农村永远不会比城市繁华，但农村的青山绿水却比城市的钢筋混凝土更让人亲近。越来越多的农民工、大中专毕业生和退伍军人，甚至是商界精英、海归开始返乡从事农业创业创新，成为"新农民"，这个群体具有互联网的思维、受到了工业化的训练，懂得现代信息技术、能够触网营销，借助互联网的力量和信息技术的作用，"互联网+"新农民，改变了传统农业的发展模式，推动了农业农村信息化水平不断提升，让广大农民群众在分享信息化发展成果上有更多获得感，让"农民"从身份称谓回归到了职业称谓，越来越成为令人羡慕的职业。

第四节　互联网环境下农业经济发展的机遇与选择

一、互联网环境下农业经济发展的机遇

（一）信息技术助推农业全产业链改造和升级

从农业全产业链来看，信息技术与现代农业全产业链的跨界融合，正在助推农业全产业链不断改造和升级，不断提升我国农业生产智能化、经营网络化、管理数据化和服务在线化的水平。

首先，物联网是新一代信息技术的重要组成部分，物联网技术与农业生产融合，催生了农业自动化控制、智能化管理，提高了我国农业生产效率。物联网技术基于信息感知设备和数据采集系统获取作物生长的各种环境因子信息（感知层），结合无线和有线网络等

完成信息的传送与共享（传输层），将信息保存到信息服务平台（平台层），基于模型分析，通过计算机技术与自动化控制技术实现对作物生长的精准调控以及病虫害防治（应用层），降低农业资源和劳动力成本，提高农业生产效率。近年来，随着芯片、传感器等硬件价格的不断下降，通信网络、云计算和智能处理技术的革新和进步，物联网迎来了快速发展期。

其次，电子商务是以网络信息技术为手段，以商品交换为中心的商务活动。电子商务与农产品经营深入融合，突破时间和空间上的限制，正在转变我国农产品的经营方式，农业电子商务依托互联网已经成为推动我国农业农村经济发展的新引擎。一是电子商务加速了农产品经营网络化，解决农产品"卖难"的问题，增加农产品销售数量，并倒逼农业生产标准化、规模化，提高农产品供给的质量效益，提高了农民的收入水平；二是电子商务促进了农业"小生产"与"大市场"的有效对接，从一定程度上改变了以往农产品产销信息不对称的局面，农民可以主动调整农业生产结构，规避生产风险，提升了农业生产的效率；三是电子商务拓展了农产品分销渠道，解决农产品销路不畅的窘境，提高了农民生产农产品的积极性。

最后，大数据是海量数据的集合，作为国家基础性战略资源，大数据已发展为发现新知识、创造新价值、提升新能力的新一代信息技术和服务业态。农业大数据作为大数据的重要实践，正在加速我国农业农村服务体系的革新。基于农业大数据技术对农业各主要生产领域在生产过程中采集的大量数据进行分析处理，可以提供"精准化"的农资配方、"智慧化"的管理决策和设施控制，达到农业增产、农民增收的目的；基于农村大数据技术的电子政务系统管理，可以提升政府办事效能，提高政务工作效率和公共服务水平；基于农业农村海量数据监测统计和关联分析，实现对当前农业形势的科学判断以及对未来形势的科学预判，为科学决策提供支撑，成为我国农业监测预警工作的主攻方向。

（二）数字农业提高农业发展效益

数字农业的目的是为发展现代农业和提高农业发展效益，解决现有农业生产中存在的各种供求矛盾。具体来说，数字农业是利用现代计算机技术和互联网手段与平台，定量数字化模拟、加工与决策，使得农作物生长与产供销全过程智能化、数字化和信息化。显然，数字农业是我国农业未来发展的主要方向，也是实现农业现代化的重要举措。为支持数字农业概念落地，我国先后在多个现代农业政策中提及数字农业的推广。根据"十三五"规划要求，未来五年，我国农业农村信息化总体水平将提升至50%，基本完成农业农村信息化从起步阶段向快速推进阶段的过渡。与此同时，随着物联网技术日趋成熟，以及远程监控、无线传感器监测等不断发展，智慧农业的建设步伐将加快，帮助农业生产更加快捷、有效。

目前，数字农业在农业领域的应用主要集中在食品溯源、生产环境监测和农业精细化管理等方面。自2011年起，农业农村部结合国家物联网应用示范工程，在北京、黑龙江、江苏开展了农业物联网应用示范，在天津、上海、安徽组织了农业物联网区域试验。物联网技术在农业领域的应用已经取得明显成效，涌现出一批比较成熟的软硬件产品和应用模式，试验示范出一批先进适用的传感器设备、一批配套的应用软件、一批成熟的技术应用模式、一批可行的市场化解决方案，为粮食增产、农业增效、农民增收以及解放和发展农村生产力、促进农业可持续发展发挥了先导示范作用。

在大田种植方面，通过综合运用3S技术、智能化农机装备、作物生产管理专家决策系统等，实现了生产管理的定量化、精确化，亩均减少农药、化肥施用量10%以上，单产提高5%~10%。在设施园艺方面，通过对光、热、水、气、肥等环境因子的实时监控，创造植物生长的最佳环境，设施温室和大棚的产量和效益平均提高10%以上。在畜禽养殖方面，运用自动调控畜舍环境和智能化变量饲养技术，实现养殖环境因子远程调控和预警预报，平均减少劳动用工30%以上，养殖和疫病防控水平显著提高。以生猪养殖为例，农业监测、控制智能管理平台可以提高单位时间产出率8%，降低生猪病患率以及病体传播50%。在水产养殖方面，推广应用以调控水体溶解氧为主要目标的智能控制系统，实现了养殖环境自动调控和水体环境闭环控制，水产品产量和质量明显提高，节本增效10%以上，同时水体环境污染得到有效控制。

数字农业能够有效提高农业园内部的管理效率，加强农业生产、加工、运输到销售等全流程数据共享与透明管理，实现农产品全流程可追溯，对于提高农产品品牌建设、增加附加值、保证农产品质量安全具有重要意义。但与此同时，物联网在农业领域的应用也受到基础投入不足、关键技术有待突破以及农业用智能软件严重滞后等限制因素的影响。

（三）数字化推动农业转型发展

1. 传统农业存在的问题

传统农业是在自然经济条件下，采用人力、畜力、手工工具、铁器等为主的手工劳动方式，靠世代积累下来的传统经验发展，以自给自足的自然经济居主导地位的农业。它是采用历史上沿袭下来的耕作方法和农业技术的农业。传统农业具有低能耗、低污染等特征，在当今时代依然发挥重要作用。

其特点有以下几种：精耕细作，农业农村部门结构较单一，生产规模较小；经营管理和生产技术仍较落后，抗御自然灾害能力差，受自然天气影响非常大，"靠天吃饭"是最好的诠释；农业生态系统功效低，商品经济较薄弱，基本上没有形成生产地域分工。

2. 数字化在我国农业转型发展中的作用分析

数字农业的发展，一方面得益于物联网等新信息技术日渐成熟，另一方面也是现代农业未来发展的需要。因为农业生产正进入精细农机的阶段，是当今世界现代化农业发展的方向，以信息技术为核心，根据空间变异定位、定时、定量地实施一整套现代化农事操作技术与管理的系统，其根本是根据作物生长的土壤性状，调节对作物的投入。通过物联网与精细农机相结合，特别是较大规模的现代化农场，对企业的经济效益和管理都有很大提高。数字农业的应用价值有：①建立无线网络监测平台，对农产品的生长过程进行全面监管和精准调控；②开发基于物联网感应的农业灌溉控制系统，达到节水、节能、高效的目的；③构建智能农业大棚物联网信息系统，实现农业从生产到质检和运输的标准化和网络化管理。

另外，数字农业能够极大便利客户迅速、稳定、低成本地部署业务，为其提供一揽子解决方案。

总而言之，数字农业理念的产生给农业发展带来了新的机遇，让农业生产由靠"天"收向靠"智"收转变，让传统农业由结构调整，再实现转型升级，推进农业供给侧结构性改革，大力推进规模化经营、标准化生产、品牌化营销，向农业的深层次、多层次进军。以数字化、智能化、信息化为主要内容的数字农业兴起，有利于形成大批高效、生态、安全型技术和技术产品。

3. 数字农业目前存在的主要问题

尽管数字农业前景一片广阔，但由于起步较晚，整体上仍处于初步阶段，存在种种问题。现阶段，数字农业主要面临以下五个主要问题：

其一，农业信息通信设施严重缺乏。现代计算机技术的应用，必须有基本的通信设施，而我国农村地区通信设施建设严重滞后，导致农业数字化水平较低，农业信息的时效性、准确性有限。

其二，缺乏统一的物联网技术标准。物联网技术标准的缺失，同样制约着数字农业的进一步成熟，从而造成无法满足农业标准化生产对资源的需求，以及科研工作对农业信息进行全面、广泛获取的需求。

其三，农业使用者素质有待提高。我国农业从业人员素质相对较低，应用和接受现代计算机技术能力弱，不利于数字农业的推广普及。

其四，现代农业信息推广应用不足。我国大部分地区的农业种植集约化程度不高，规模化农业生产力度不够，主要原因便是现代农业信息推广应用不足。

其五，新技术推广不利。数字农业技术从实验室到田地间面临阻碍重重，未来在推广上还须加大力度。

（四）运用互联网思维改造传统农业

"三农"问题多年来一直备受人们关注。随着时代不断向前发展，传统农业的发展遭遇了种种"瓶颈"，要想有所突破，必然要改变发展模式。互联网恰恰凭借其强大的流程再造能力，给农业注入了新鲜活力。

互联网的思维方式是系统化的，同时也具备网罗信息资源、搭建优质平台的能力，其与农业的结合可以对农业进行一个系统的产业优化升级，从产业链的每一个具体环节入手，注入现代理念，最终突破农业发展的"瓶颈"，形成符合时代发展潮流的互联网农业模式，其优势主要体现在五个方面：建立起农业生产的标准、打造高效廉价的营销入口、树立安全健康的品牌形象、升级农产品销售模式、提高农村金融服务。

1. 建立起农业生产的标准

所谓"智能农业"，其核心便是物联网在农业生产中的应用。这种技术可以把农业生产中的诸多因素通过无线传感器进行实时采集，然后及时迅速地将信息进行整合，从而做出精确判断，来决定农业设备是否开启。这样便极大地提升了效率，降低了可能的损耗。

另外，物联网可以从生产这个环节对农业进行彻底改造。目前，这种方式还未流行，但必然会成为一个发展趋势。

2. 打造高效廉价的营销入口

对于农业来说，互联网营销最大的优点便是成本极低，通过移动信息工具等入口，可以建立多种多样的营销入口，比如，微信、微博、QQ等。互联网通过此类入口可以在客户与行业之间搭建桥梁，并且是相当受消费者信任的桥梁。此外，营销打响品牌的能力也不容小觑。最令传统农业头疼的一个问题就是品牌问题，缺少品牌效应，农产品的附加值就上不去。而营销借助互联网产生了极大的推广效应，因为成本低，所以宣传的覆盖率就可以极尽所能地扩大。苹果品牌"潘苹果"为什么能迅速蹿红？其中营销的力量功不可没。

农业若要建立高效廉价的营销入口，切不可盲从，需要遵循以下几条原则：

（1）不能泛化营销。任何产业都有自己的潜在客户，这些客户就是销售的重要目标。整合数据、精确定位，这是农业营销的第一课。

（2）质量与服务并重。狠抓质量，再加上利用客服保持与客户的紧密联系，营销才能起到应有的作用。

（3）适当控制产业链。不贪多也勿狭隘，既不能试图覆盖整个产业链的经营，也不能只着眼于其中的一个方面。合理分配，优化利用，生产环节中严把质量关与产品标准化生产结合才是最重要的。

3.树立安全健康的品牌形象

食品安全问题广受关注，人们对食品安全的信任呈降低趋势。如何重拾客户的信任，是传统农业亟待解决的问题。

要想使人们恢复对农产品的信任，最直接的办法便是恢复农产品生产链条的透明化，这在传统农业中几乎是一个不可能完成的课题，但互联网农业却以其强大的线上交流模式弥补了这一缺陷。

可追溯系统是从食品行业中延伸出来的，人们可以通过一个小小的二维码实现对整个生产过程的追溯，包括耕种地点、生长环境、采摘日期等，这样便实现了产业过程的透明化。当然，其实现还需要互联网的支持。

由此一来，人们因为了解得多，信任感自然增强，再加上权威机构给予肯定认证，安全健康的品牌形象便可以建立起来。

4.升级农产品销售模式

目前，电商平台的发展为我国农产品的销售提供了更加便捷的途径。在此之前，农产品生产规模小，与大市场的对接有困难，加之农产品从种植到收获须经历一定时间，受气候等不可抗力因素影响大，因此"销售难"现象时有发生。

电商平台的建立则直接拉近了消费者与生产者之间的距离，使地域问题对农产品的影响相对削弱。距离的缩小意味着成本的降低，从而压低了商品的最终价格。价格降低，销售成本减少，销量增大，企业的利润当然也就随之增长了。正如新华社特约经济分析师马文峰所说："企业能做大的，都是流通环节所减少的。"

此外，电商平台清货的能力也是可圈可点的。2013年11月25日，"淘宝网特色中国海南馆"（由海南省农业厅和阿里巴巴集团联合打造的电商平台）正式上线，仅椰子饭便销售掉了以往线下全海南岛一年销售量的63%，成果显著。

不仅如此，互联网一个极大的优势就是可以利用强大的数据分析帮助农业生产定位客户群，分析客户的需求，这使得生产具有了一定目的性，实现了利润最大化。

5.提高农村金融服务

金融问题一直是经济发展的核心问题，农村金融服务却一直未能跟上经济发展的脚步，不能够满足村民的需要。

农村金融产品种类较为单一，供给方面不足。虽然金融机构创新的脚步从未停止，比如2000年以来，中国人民银行和银监会鼓励涉农金融机构展开小额信贷、村镇银行等方式多样的金融产品及服务的创新，但是由于受地域问题、产业结构等多方面因素的限制，原来存在的问题依旧比较突出，创新之路还很艰难。互联网农村金融服务在未来还有很长的路要走。

二、互联网环境下农业经济发展的选择

随着我国资源环境瓶颈约束愈发显著，劳动密集型、资源高投入型、环境高排放型的小农经济与我国现代化农业经济的发展方向越来越不适应，我国农业产业结构迫切需要转型和升级。未来，随着我国城镇化的快速推进，农村剩余劳动力不断向城市转移，社会主义新农村建设、现代化农业发展以及新型农民培育，迫切需要加大改革创新力度。目前，我国经济发展进入新常态，新常态要有新动力，互联网在这方面可以大有作为。以互联网为媒介的信息化与现代农业的不断融合正在成为我国高效和持续发展现代化农业的重要选择。

第一，信息不对称是造成城乡差距的一个重要原因，通过"互联网＋"思维整合各种农业资源信息，成为打破城乡信息不对称的重要抓手。

我国农业生产经营过程中，由于市场信息不对称，农民很难根据市场需求及时调整种植结构与产品产量，生产决策带有较大的盲目性，容易造成低水平重复或压价竞争，使农产品供给短缺或过剩现象交替出现。我国大蒜、绿豆等农产品市场价格"过山车"的现象在一定程度上也是由于市场信息不对称导致的。近年来，随着我国农业监测预警体系建设的不断深入，农业信息发布制度建设不断完善，农业市场信息不对称性的局面正在逐年改善。由于科技信息不对称，农业技术成果与技术项目在农村推广迟缓，虚假信息、假化肥、假农药坑害农民，严重影响农产品品质和销路。由于政策信息不对称，农民难以了解现阶段党和政府支持农业发展的各种惠农政策、措施等信息，降低了农民农业生产的积极性。目前，政府通过推进信息进村入户，建设农业大数据仓库，依托网络平台，农民开始方便地获得"三农"政策、农业技术、农资产品、农产品市场、城市用工等各种信息，并可以进行双向交流。农村互联网的普及打破了长期以来农村信息闭塞、城乡信息不对称的局面，"互联网＋"与现代农业的深入融合正在成为缩小城乡"数字鸿沟"的重要选择。

第二，资源配置错位是阻碍现代农业持续发展的主要因素，通过"互联网＋"思维整合各种农业资源信息，合理配置各种农业资源，正在成为破解农村资源配置问题的利器。

在农业资源配置过程中，无论自然资源、优质农产品资源还是青壮年劳动力资源，城乡之间资源的流动均以农村向城市的单向流动为主，而互联网在农村的发展和普及正在改变这一态势。首先，电子商务的发展极大地拓展了农村创新创业的空间，正在吸引大量人

才回归农村。据统计，2016年底返乡创业人数超过570万，其中农民工返乡创业人数达到450万。目前，以新农民群体为重要特征的创业大军，依靠互联网、电商平台，在我国农村创新创业中扮演着越来越重要的角色。其次，互联网金融正在扭转金融资源从农村流失的局面。一大批互联网金融企业在城市募集闲余资金，以农村、农业作为主要对象发放贷款。这些互联网金融企业形成了与传统金融相反的金融资源流动方向，推动资金从城市流向农村、从东部发达地区流向中西部农村，农民的支付结算、资金获得都比过去方便、快捷很多。最后，利用互联网营销发展乡村旅游正在成为积极开发农业多种功能的重要体现。利用互联网营销的农村旅游等服务项目，正在吸引大量居民从去城市、国外旅游转向去农村旅游。一些村庄致力于发展旅游产业，不仅发展了经济、改善了生活，而且通过农村建设带来农村环境的极大改善。

第三，文化水平素质偏低是阻碍新农村建设的重要因素。通过"互联网＋"思维以文字、音频和视频等形式向农民推送知识，增加了农民获取知识的渠道，提高了农民实时获取知识的能力，广大农民文化素质水平正在不断提高。首先，通过网络在线教育、在线课堂等为农村居民提供了与城市居民同等的学习机会，农民通过在互联网上学习农业知识，解决农业生产过程中遇到的各种疑难问题，破解了一系列农业增效、农民增收过程中的难题。其次，通过互联网，农民可以和城市居民同时观看网络新闻、在线电影、电视剧等，各种在线书城可以在较短时间通过物流将教材等书籍送到农民手中，农村居民的精神文化需求得到了更好满足。最后，通过手机上网，农民可以实时了解农情、气象等信息，合理安排农事操作。自2015年开始，农业农村部计划用3年左右时间，通过对农民开展手机应用技能和信息化能力培训，提升农民利用现代信息技术，特别是运用手机上网发展生产、便利生活和增收致富的能力。

抢占农业现代化的制高点，将信息化与现代农业的深度融合作为驱动农业"跨越发展"、助力农民"弯道超车"、缩小城乡"数字鸿沟"的新动能，已经成为农业农村工作者的共识。在部署农业供给侧结构性改革的工作中，农业农村部原部长韩长赋强调，要以发展电子商务为重点提高农产品流通效率，把发展农产品电子商务作为推动农业市场化、倒逼标准化、促进规模化、提升组织化、引领品牌化的重要举措，抓好市场信息服务、试点示范和信息进村入户，利用互联网等现代信息技术推动农业转型升级，实现"互联网＋"现代农业。

第三章　互联网技术助推农业经济发展

　　进入 21 世纪以来，以数字化、网络化、智能化为特征的信息化浪潮正在蓬勃兴起，信息技术与生物技术、新能源技术、新材料技术等的跨界交叉融合，正在催生以物联网、大数据、云计算、移动互联、人工智能等为代表的新一代网络信息技术与经济社会各领域深入渗透融合，正在引发以绿色、智能、泛在为特征的群体性技术突破。推动现代农业与信息化加速融合，找到它们之间的契合点，是在新一轮农业变革中抢占先机的重要举措，是我国转变农业增长方式，调整农业结构布局的重要途径。

第一节　物联网助推农业智能生产

　　继计算机、互联网之后，物联网被称为世界信息产业的第三次革命浪潮，正在深远地影响社会生产生活的各个方面。物联网是一个基于互联网、传统电信网和传感网等信息承载体，让所有物理对象能够通过信息传感设备与互联网连接起来，进行计算、处理和知识挖掘，实现智能化识别、控制、管理和决策的智能化网络。物联网本质上是通信网、互联网、传感技术和移动互联网等新一代信息技术的交叉融合和综合应用。近年来，以物联网为代表的信息通信技术正加快转化为现实生产力，从浅层次的工具和产品深化为重塑生产组织方式的基础设施和关键要素，深刻改变着传统产业形态和人们的生活方式，催生了大量新技术、新产品、新模式，引发了全球数字经济浪潮。美国《福布斯》杂志评论未来的物联网市场前景将远远超过计算机、互联网、移动通信等市场。物联网技术的创新促进了农业物联网的快速发展。

　　农业物联网是物联网技术在农业领域的应用，是通过应用各类传感器设备和感知技术，采集农业生产、农产品流通以及农作物本体的相关信息，通过无线传感器网络、移动通信无线网和互联网进行信息传输，将获取的海量农业信息进行数据清洗、加工、融合、处理，最后通过智能化操作终端，实现农业产前、产中、产后的过程监控、科学决策和实时服务。农业物联网是新一代信息技术进入农业领域的必然结果，将会对我国农业现代化产生重大而深远的影响。

二、农业物联网理论基础

我国农业信息化和农业现代化建设进入新的发展阶段，在这一历史进程中，农业物联网是未来农业发展的新生动力，也是改变农业、农民、农村的新力量，在全新的农业技术变革中，必将发挥巨大作用。农业物联网在其发展过程中有着自己的属性、特征和规律，并且逐步形成理论体系。

（一）"万物"互联是农业物联网的基本属性

物联网具有全面感知、可靠传输、智能处理的特征，可有效连接物理世界，建立人的脑力世界与物理世界的桥梁，使人类可以用更加精细和动态的方式管理生产和生活，提升人对物理世界实时控制和精确管理能力，从而实现资源优化配置和科学智能决策。物的属性决定了物联网的特性。农业物联网是联系自然界和人类社会的复杂网络，普遍存在小世界性、自适应性、健壮性、安全性、动态随机性、统计分布性和进化稳定性。

农业物联网实现万物互联通过多层架构来实现：信息感知层、网络传输层和智能应用层等。感知层是农业物联网的基础和关键，也是决定物联网"万物"互联高度的基石。农业物联网实现装备化、现代化必须要有农业领域专用传感技术和设备支撑。网络传输层是物联网整体信息运转的中间媒介，其主要作用是把感知层识别的数据接入互联网，供应用层服务使用。应用层对感知层获取的各种数据进行处理、存储、分析和计算，根据各个具体的领域，如大田种植、设施园艺、畜牧养殖、水产养殖、农产品市场监测等，有针对性地实现智能控制和管理。

农业系统是一个包含自然、社会、经济和人类活动的复杂巨系统。农业农村部根据农业物联网的发展规律，总结出全要素、全过程和全系统的"三全"化发展理念。"全要素"是指包含农业生产资料、劳动力、农业技术和管理等全部要素，如水、种、肥、药、光、温、湿等环境与本体要素；劳动力、生产工具、能源动力运输等要素；农业销售、农产品物流、成本控制等要素。"全过程"是指覆盖农业产前、产中、产后的全部过程，如农业生产、加工、仓储、物流、交易、消费产业链条的各环节及监管、政策制定与执行、治理与激励等多流程。"全系统"是指农业大系统正常运转所涉及的自然、社会、生产、人力资源等全部系统，如生产、经营、管理、贸易等环节的系统。发展农业物联网，要充分体现"三全"的系统论观点，从全生育期、全产业链、全关联因素考虑。感知控制的要素越多，系统性越强，物联网系统处理的信息就越全面，作用效果也就越精确、越有效。

（二）生命体数字化是农业物联网的鲜明特征

农业不同于工业，对象都是生命体，生产周期长、影响因素多、控制难度大、产品价值低，难以实现标准化和周年均衡供应，同时需求有刚性，产品种类多，地域特色明显。只有从农业对象的生命机理角度出发，花大力气去研究、模拟农业生命体诸因素之间的关系，解释其生长、发育和变化规律，并做出相应的决策、实施控制，才能实现物联网对传统农业的改造升级，才能极大提升农业生产水平。农业物联网的作用对象大多是生命体，需要感知和监测的生命体信息从作物生长信息如水分含量、苗情长势，到动物的生命信息如生理参数、营养状态等，这些信息都与周围环境相互作用，随时随地发生着改变。如果要将这些实时变化的数据记录下来，其数据量将是海量的。要掌握农业生命体生长、发育、活动的规律，并在此基础上实现其各类环境的智能控制，必须在采集到的大量实时数据的基础上，构建复杂的数学模型或组织模型，进行动态分析与模拟，揭示生命体与周围环境因素之间的相互作用机理，并将之用于农业环境的控制和改善，提高农业生产效率。

因此，农业物联网面对的是纷繁复杂、变化万千的生命世界，它与作用对象所在的环境紧密关联，因而决定了农业物联网的大规模和复杂性。同时农业物联网应用体系的混杂性、环境变化的多样性以及控制任务的不确定性，也决定了农业物联网不能照抄照搬发展工业物联网的做法，而是要把握农业农村的实际和特点。

（三）发展农业物联网是实现农业现代化的必然选择

在农业现代化的进程中，农业日益用现代工业、现代科学技术和现代经济管理方法武装起来，运用现代化发展理念，使农业的发展由落后的传统农业日益转化为具备当代世界先进生产力水平的生态农业。物联网和农业结合所形成的农业物联网将使低效率的传统生产模式转向以信息和软件为中心的智能化生产模式，将有力地推动农业生产力的发展。农业物联网技术的推广和普及，将加速传统农业的改造升级，同时为种植者带来巨大的经济效益。

农业物联网有利于提升农业生产工具的精细化、自动化，助推农业生产方式智能化。在传统农业中，获取农田信息的方式非常有限，农田作业主要以人力下田劳作为主。在现代农业中，借助具有感知和控制功能的物联网智能装备系统，农业物联网可以实现各种生产管理的精准化、智能化，可大大降低人力成本、提升生产效率。当前，自动插秧机、播种机、收割机、变量施肥机、激光平地机、喷药无人机、规模养殖场自动饲喂设备等已经得到了不同程度的应用，在促进我国农业转型升级过程中正在发挥重要作用。

农业物联网有利于大型农业机械装备发挥效能，促进农业生产管理规模化。传统农业生产是相互独立的、分散的、割裂的一家一户模式，小农经济的意识与行为占据主导地位。物联网以其特有的技术优势、经济特征及社会网络属性，引领传统农业在产业布局、措施管理等方面向规模化转变。以农业物联网技术为核心的农业信息技术的出现，为推动农业产业化进程提供了有力的技术支撑。我国的现代化农业之路，必须是标准化、机械化、专业化和规模化。

二、智能农业

（一）智能农业的基本概念

我国农业正处于从传统农业向现代农业转型的重要阶段。我国面临着农业用地减少、农田水土流失、土壤生产力下降，大量使用化肥导致农产品与地下水污染，以及食品安全与生态环境恶化等现实性问题。为了解决这些问题，科技工作者开始研究生态农业、绿色农业、精细农业，提出了物联网智能农业与农业物联网的概念。

人们已经深刻地认识到：物联网在农业领域的应用是未来农业经济社会发展的重要方向，是推进社会信息化与农业现代化融合的重要切入点，也为培育农业新技术与服务产业的发展提供了巨大的商机。早期的精细农业理念定位于利用 GPS、GIS、卫星遥感技术，以及传感技术、无线通信和网络技术、计算机辅助决策支持技术，对农作物生产过程中气候、土壤进行从宏观到微观的实时监测，对农作物生长、发育状况、病虫害、水肥状况、环境状况进行定期信息获取，根据获取的信息进行分析、智能诊断与决策，制定田间实施计划，通过精细管理，实现科学、合理的投入，获得最佳的经济和环境效益。

随着物联网技术的发展，传统的精细农业理念被赋予了更深刻的内涵。改造传统农业、发展现代农业，迫切需要将物联网技术应用于大田种植、设施园艺、畜禽养殖、水产养殖、农产品物流、农副产品食品安全质量监控与溯源等领域，实现对农业生产过程中的土壤、环境、水资源的实时监测，对动植物生长过程的精细管理，对农副产品生产的全过程监控，对食品安全的可追溯管理，对大型农业机械作业服务的优化调度，以实现农业生产"高产、优质、高效、生态、安全"的发展要求。物联网技术的应用将为现代农业的发展创造前所未有的机遇。

（二）智能农业应用实践

物联网技术可以在农业生产的产前、产中和产后的各个环节发展基于信息和知识的精细化的过程管理。在产前，利用物联网对耕地、气候、水利、农用物资等农业资源进行监测和实时评估，为农业资源的科学利用与监管提供依据。在生产中，通过物联网可以对生产过程、投入品使用、环境条件等进行现场监测，对农艺措施实施精细调控。

1. 农作物生产管理

在农作物生产管理中，传感器技术可以准确、实时地监测各种与农业生产相关的信息，如空气温湿度、风向风速、光照强度、CO_2浓度等地面信息，土壤温度和湿度、墒情等土壤信息，pH 值、离子浓度等土壤营养信息，动物疾病、植物病虫害等有害物信息，植物生理生态数据、动物健康监控等动植物生长信息，这些信息的获取对于指导农业生产都有着重要的作用。

2. 水资源利用

水是农业的命脉，农业也是我国用水大户。我国农业用水约占全国用水量的73%，但是水利用效率低，水资源浪费严重。渠灌区水利用率只有40%，井灌区水利用率也只有60%。而一些发达国家水利用率可以达到80%，每立方米水生产粮食可以达到 2 千克以上，而以色列已经达到 2.32 千克。由此可以看出，我国农业节水问题是农业现代化需要解决的一个重大任务。农业节水灌溉的研究具有重大的意义，而无线传感器网络可以在农业节水灌溉中发挥很大的作用。在农田中安装传感器，可以监控植物根部是否需要水分，并且可以根据湿度、温度与土壤养分来控制灌溉。这种方法一改传统的定时定点机械洒水模式，大幅降低了农业用水的消耗，同时有针对性地解决作物成长不同阶段的灌溉问题，实现农作物的精细化管理。无线传感器网络在大规模温室等农业设施中的应用已经取得了很好的进展。

3. 农产品流通

农产品流通是农业产业化的重要组成部分。农产品从产地采收或屠宰、捕捞后，需要经过加工、储藏、运输、批发与零售等流通环节。流通环节作为农产品从"农场到餐桌"的主要过程，不仅涉及农产品生产与流通成本，而且与农产品质量紧密相关。在产后，通过物联网把农产品与消费者连接起来，消费者就可以透明地了解从农田到餐桌的生产与供应过程，解决农产品质量安全溯源的难题，促进农产品电子商务的发展。

4. 食品安全

食品安全已经成为全社会关注的问题。我国是畜牧业大国，生猪生产与消费量几乎占世界总量的一半。近年来，食品安全问题，尤其是猪肉质量与安全问题突出，已经引起政府与消费者的高度重视，建立猪肉从养殖、屠宰、原料加工、收购储运、生产和零售的整个生命周期可追溯体系，是防范猪肉制品出现质量问题，保证消费者购买放心食品的有效措施，也是一项重要的惠民工程。在构建猪肉质量追溯系统中，物联网技术可以发挥重要的作用。我们可以通过设计一套畜牧养殖与肉类产品质量追溯系统，来深入了解物联网在农副产品食品安全中的应用。

5. 畜牧养殖

畜牧养殖中的物联网应用主要包括动物疫情预警和畜禽的精细化养殖管理。在养殖环节，利用耳钉式 RFID 标签记录每头牲畜养殖过程中的重要信息，如牲畜的品种与三代系谱、饲料与配方、有无病史、用药情况、防疫情况、瘦肉精检测、磺胺类药物检测信息等。RFID 读写器将这些信息读出并存储在养殖场控制中心的计算机中，为每一头牲畜建立从出生、饲养到出栏全过程、完整的数据记录，帮助管理者及时、准确地了解养殖场的管理状况，提高了养殖水平。

在屠宰环节，通过 RFID 读写器获取牲畜来源及养殖信息，判断其是否符合屠宰要求，进而进行屠宰加工。在屠宰过程中，RFID 读写器将采集的重要工序的相关信息，如寄生虫检疫信息等，添加到 RFID 标签记录中。在加工过程中，需要将牲畜的 RFID 标签记录的信息转存到可追溯的条码中。这个可追溯的条码将附加在这头牲畜加工后生成的各类产品上。同时，养殖场与屠宰场关于每头牲畜的所有信息都需要传送到"动物标识及防疫溯源体系"的数据库中，以备销售者、购买者与质量监督部门的工作人员查询。

在零售环节，用电子秤完成零售肉品称重后，自动打印出包含有可追溯信息的条码。销售者、购买者与质量监督部门的工作人员可以通过手机短信、手机对条码拍照、计算机等方式，通过网络实时查询所购买肉制品的质量与安全信息。

目前，我国正在建立"动物标识及防疫溯源体系"。通过动物标识将牲畜从出生到屠宰历经的防疫、检疫、监督工作贯穿起来，并将生产管理和执法监督数据汇总到数据中心，建立从动物出生到动物产品销售各环节全程追踪管理的系统。

从以上的讨论中，可以得出三个重要的结论：

第一，物联网技术可以加快转变农业发展方式，推动农业科技进步与创新，健全农业产业体系，提高土地产出率、资源利用率，有利于改善生态环境，增强我国农业抗风险与可持续发展能力，引领现代农业产业结构的升级改造与生产方式的转型。

第二，物联网技术能够覆盖农业生产中的农作物生产、畜牧业生产、水产等各个领域，覆盖农作物生长，以及牲畜生长到农副产品加工、销售的全过程，物联网在智能农业的应用中大有作为。

第三，物联网在农业领域的应用关乎我国粮食安全与食品安全，关乎民众的日常生活，因此，必然是我国政府高度重视和优先发展的领域。

第二节　大数据支撑农业监测预警

一、基础概述

（一）大数据及农业大数据的含义

美国高德纳咨询公司（Gartner）对于"大数据"（Big data）给出了这样的定义："大数据是一种信息资产，它需要新的处理模式来操作，才能具有更强的决策力、洞察力和流程优化能力，从而来适应海量、高增长率和多样化的数据。"

麦肯锡全球研究对"大数据"（Big data）的定义是：一种规模非常大的数据集合，大到在获取、存储、管理、分析方面远远超出了传统数据库软件工具的能力范围，它具有海量的数据规模、快速的数据流转、多样的数据类型和价值密度低四大特征。

简单来说，大数据就是海量、庞大而丰富的资料，这些资料规模非常巨大，以至于无法通过现在的主流软件工具、在一定的时间内实现采集、管理、分类，最后整理成为对人们有用的资讯。

大数据主要来源于本地数据、互联网数据和物联网数据。本地数据无处不在，人类自从发明文字开始，就在记录各种数据。在互联网普及之前，绝大多数数据存储在本地，不是公开的数据资源。例如，政府统计数据、居民消费数据和企业运营数据等历经多年的累积，数据量巨大，一旦开放，就将成为一座巨大的数据宝库，有待研究者们进行挖掘。随着互联网的普及，人们每天都会通过使用网络产生数以十亿计的海量互联网数据。如谷歌地图、百度地图等出现后，其产生了大量新型的代表着行为和习惯的位置数据；随着微博、Facebook、Twitter等社交媒体的兴起，用户可以随时随地在网络上分享内容，由此产

生海量的用户生产数据；电子商务的热潮带来了支付行为、购买行为、物流运输等方面的数据……[1]

对于大数据，简单的理解就是：你对任何事情或任何情况了解越多，你就可能更可靠地预测将来会发生什么。通过比较更多的数据点，以前被隐藏的关系将开始显现，这些关系有望包含我们如何开始改变的见解。

该过程基于我们可以收集的数据建立模型，然后运行模拟，每次调整数据点的值，并监视它如何影响我们的结果。这个过程是自动化的——今天先进的分析技术将运行数以百万计的这些模拟，调整所有可能的变量，直到找到有助于解决问题的模式或洞察力。

而农业大数据，一般指利用现代信息技术和信息系统为农业产供销及相关的管理和服务提供有效的信息支持，并提高农业的综合生产力，促进农业结构战略性调整和经营管理效率的总称。通过大数据作为基础，使用大数据的技术以及思维模式来应对农业从种植到生产再到销售所产生的全部数据，目的是获取有价值的数据信息用于监测与服务农业从生产到经营再到流通与消费的整个流程。

农业生产、加工、流通等各环节产生了大量的结构化与非结构化的农业数据，并且这些数据仍在呈指数增长。集成、挖掘和分析这些集感知、传输、控制、作业为一体的多源异构数据，按照存储、传输、索引、搜索、分析等流程形成互联网与农业深度融合的产业链模式，发掘农业大数据的潜在价值，可以管控整个生产经营过程，改造生产环节、提高生产水平，为农民、新型农业经营主体等提供便捷的服务，为政府、企业等的决策和发展提供辅助决策，在一定程度上加速转变农业生产方式、发展现代农业的步伐，对于现代农业的发展具有重要意义。

简单来说，利用农业上下游的农资销售、农业生产、农产品流通数据以及与农业关联的土地流转、气象、土壤、水文等数据沉淀，为农业装上决策"大脑"，即尽可能地使用信息技术在农业相关的一切领域完成任何工作。

根据农业的产业链条划分，农业大数据主要集中在农业环境与资源、农业生产、农业市场和农业管理等领域。

从"涉农"角度，它涵盖农业生产过程的全要素，如社会、经济、政策等宏观要素，种子、化肥、农药等投入要素，农事操作、农机与农具的搭配等操作要素，以及规模、效率、成本等管理要素。

从"涉业"角度，它涉及产业链全过程各个方面的数据，如融资、信贷、保险等金融大数据，销售、加工、效益等产业大数据，消费群体、品类、数量等消费大数据。

---

[1] 李聪：《公共安全大数据技术与应用》，长春：吉林大学出版社，2018年，第4页。

从农业专业性方面来讲，应对农业数据进行专门的整理归类，如有序地针对粮食安全的耕地保有量、土壤环境保护、市场供求信息等动态监测数据，指导育种、农业水利、农业病虫害及自然灾害的预警、农产品的流通、销售等方面的数据资源。

从农业主体角度来讲，农业数据不仅应包括国家及地方统计数据，还应包括涉农经济主体的供应信息、科技成果信息、股东信息、人才引进信息及 GIS 坐标信息等。

（二）农业大数据的发展现状

目前，我国大多数农业生产主要依靠人工经验尽心管理，缺乏系统的科学指导。设施栽培技术的发展，对于农业现代化进程具有深远的影响。设施栽培为解决我国城乡居民消费结构和农民增收、为推进农业结构调整发挥了重要作用，温室种植已在农业生产中占有重要地位。要实现高水平的设施农业生产和优化设施生物环境控制，信息获取手段是最重要的关键技术之一。作为现代信息技术三大基础（传感器技术、通信技术和计算机技术）的高度集成而形成的无线传感器网络是一种全新的信息获取和处理技术。网络由数量众多的低能源、低功耗的智能传感器节点所组成，能够协作地实时监测、感知和采集各种环境或监测对象的信息，并对其进行处理、获得详尽而准确的信息，通过无线传输网络传送到基站主机以及需要这些信息的用户，同时用户也可以将指令通过网络传送到目标节点使其执行特定任务。

农业作为中国的基础产业、面临着农产品需求不断增加、资源紧缺、气候变化导致灾害频发、生态安全脆弱、生物多样性持续下降等严峻挑战。夯实以农业物联网、云计算技术为核心的农业信息化基础、提升以大数据为支撑的农业信息化服务、开拓智慧农业新局面、才能实现农业现代化和信息化的跨越式发展。

农业大数据涉及耕地、播种、施肥、杀虫、收割、存储、育种等各环节，是跨行业、跨专业、跨业务的数据分析与挖掘及数据可视化。农业大数据由结构化数据和非结构化数据构成，随着农业的发展建设和物联网的应用，非结构化数据呈现出快速增长的势头，其数量将大大超过结构化数据。

大数据时代的到来、改变着社会的方方面面。大数据时代的现代农业，一般意义上来说，是大数据理念、技术和方法在农业领域的应用和发展，它涉及农业领域的各个环节，也涉及生物、气候、地理环境、人口等农业相关领域。采集、整合、利用农业大数据，能够带来现代农业在生产经营、产品流通、市场交易、科研推广和管理决策等方面的变革。农业大数据是提高农业管理水平，推进现代农业发展的重要手段。其研究与应用是确保中国粮食安全和农业增产、农民增收的必然要求，也是为政府决策提供科学依据的重要途径。

（三）农业大数据的发展路线

从农业的应用场景来看一下农业大数据的发展，我们可以从数据的背后来看农业大数据的发展路线：

一是卫星遥感测绘，卫星数据和气象数据，综合各个产地十几年的数据进行计算分析，可以对农作物产量预测、病虫害预测等提供参考；

二是土地数据，除了卫星遥测的土地数据之外，再基于各地的土肥站数据、测土配肥和水肥的推广数据、土地平整和滴灌设备的数据，可以建立起相对完整的土地数据，在生产和植保过程中通过无人机等工具采集补充；

三是种植数据，这个主要是通过农业生产全过程的田间管理服务、托管服务等采集种植数据，包括种植品种、生产工序、施肥施药和采收等数据；

四是植保数据，围绕植保的农技、农化、农机等数据；

五是无人机数据，通过飞防无人机在授粉、施肥施药、植保、病虫害检测等过程中采集的农作物监测数据、植保数据，以及对病虫害的预测、产量预测分析；

六是农产品数据，通过智慧农业的摄像头对农产品成长过程的监测，在采收后的分拣检测（果型大小、甜酸度或淀粉度、农药残留检测、金属残留检测等），农产品箱垛物流跟踪，农产品的电子标签或 RFID 等数据；

七是电子商务数据，农产品电子商务的交易、销售数据；

八是社交数据，通过对社交媒体、互联网的农产品相关的大数据，以及吃货消费者的碎片化数据，还有大小农户、农机手、飞手等的众包数据，采集大量分散的碎片化的大数据。

从产业化角度看，农业大数据的核心是能够抓住几个关键数据：资产和交易的数据。资产，主要是土地和农产品的数字资产；交易，主要是农产品交易的商流（订单和资金）、物流（产品和库存）和信息流（品质、生产、标准）。只有抓住产业化的关键数据，才可能有价值变现的落地场景。

（四）农业监测中大数据技术应用的理论基础

1. 大数据是农业预警决策的科学支撑

农业监测预警本质上是技术依赖型的现代农业高端管理工具，这其中涉及物联网技术、大数据技术、人工智能技术等新一代信息技术在农业全产业链的应用，进而构成以农业信息分析学为基础的农业监测预警技术方法。

农业监测预警首先要有强大的数据支撑。大量传感器、物联网、高清摄像头等信息感知设备，形成了数值、文字、图像、视频等多类型农情农况大数据，形成了动态和静态相结合的大数据集合，形成了从中央到地方各层级的农业基础数据库。以农产品供需平衡监测分析为主要目的的农业监测预警，其数据资源包括资源环境数据、生产数据、消费数据、贸易数据、价格数据、库存数据、宏观经济数据等七大类数据库。从农业监测预警长远看，农业数据精准获取技术创新要朝着技术指标先进、使用便捷、应用成本低的方向进行，否则，就难以形成技术优势。

我国已经积累了多类型农业大数据，但这些大数据不能自然形成对农业全产业链的分析判断，需要建立数据智能分析技术，才能实现大数据的价值。"要有先进的模型分析工具。"许世卫指出："要突破分析预测预警的数据模型'卡脖子'技术难题，针对不同农产品品种、不同生产地区、不同生产条件，以及不同分析目标的生产分析、消费分析、价格分析、贸易分析进行分别建模，形成我国农产品监测预警分析技术。"大数据融合分析关键技术也亟待突破，将地面技术数据、遥感技术数据、无人机技术数据融合分析，形成数据力量。要突破智能技术系统建设障碍，针对农业监测预警对象与要求，建立解决复杂问题的信息系统，满足数据智能化分析需要。

大田作物从种到收需要经历几个月甚至跨年度的生长发育过程，过去我们难以预测当季产量收成，现在在监测预警技术体系的支撑下，通过动态监测，就能越来越准地判别最终产量收成。动物性农产品生产也一样，从饲喂、防疫到出栏，加强其生产过程的监测预警，对动物进行从个体到群体的监测，就能精准判别整体生产水平变化。有了生产过程的监测预警，我们就可以提早获得未来生产量变化。

2. 农业大数据时代的农产品监测预警

农业大数据是大数据在农业领域的应用和延展，是开展农产品监测预警工作的重要技术支撑。"大数据"一词，最早由阿尔文·托夫勒在1980年发表的《第三次浪潮》中提过。其后，随着物联网、云计算、移动互联、智能终端等技术的发展，大数据才迅速进入人们的视野。《自然》和《科学》杂志先后对大数据做了专题性介绍，美国等国家纷纷提出大数据研究与发展计划以及相关战略，大数据一夜之间成为广泛关注的焦点。大数据的兴起，在数据来源、数据规模、数据类型、数据处理方式和数据思维等方面发生了显著的改变，为农产品监测预警发展提供了重要的基础支撑。

根据农业的产业链条，目前农业数据主要集中在农业环境与资源、农业生产、农业市场和农业管理等领域。农业自然资源与环境数据主要包括土地资源数据、水资源数据、气象资源数据、生物资源数据和灾害数据。农业生产数据包括种植业生产数据和养殖业生产数据。其中，种植业生产数据包括良种信息、地块耕种历史信息、育苗信息、播种信息、农药信息、化肥信息、农膜信息、灌溉信息、农机信息和农情信息；养殖业生产数据主要包括个体系谱信息、个体特征信息、饲料结构信息、圈舍环境信息、疫情情况等。农业市场数据包括市场供求信息、价格行情、生产资料市场信息、价格及利润、流通市场和国际市场信息等。农业管理数据主要包括国民经济基本信息、国内生产信息、贸易信息、国际农产品动态信息和突发事件信息等。

农业大数据的来临，使得全面、多维感知农业成为可能。第一，大数据使得农业进入全面感知时代，用总体替代样本成为可能。例如，在传统农业调查中，只能是利用合理的抽样去无限接近总体，用样本推断总体，而现代信息技术使得直接面对农业客体全部数据成为可能。第二，事物认知进入多维关联时代。每一种数据来源都有一定的局限性和片面性，只有融合、集成各方面的原始数据，才能反映事物的全貌，事物的本质和规律往往隐藏在原始数据的相互关联之中。数据量的增大使得相关关系重要性凸显，有时可以通过分析事物之间的相关关系，得到意想不到的价值。例如，谷歌的流感预测、网络搜索数据与CPI 相关性研究均是较好的事例，农产品的播种面积和市场行情就可以通过前期种子的销售数量进行而测。

3. 农产品监测预警对大数据的需求日益迫切

农产品监测预警是对农产品生产、市场运行、消费需求、进出口贸易及供需平衡等情况进行全产业链的数据采集、信息分析、预测预警与信息发布的全过程。农业大数据贯穿于农产品的产量形成、产销流通和产品消费的整个过程，大数据技术、农业物联网技术将实时捕捉数据，形成信息流。通过大数据智能分析技术将全面揭示信息流的流量、流向，并对农产品全产业链的过程进行模拟，针对关键节点进行分析，最终实现动态预警和精准调控。

中国的农产品生产区域广阔、产品种类繁多、市场类型多样、产业链条细长，不缺乏可搜集的数据，但是缺乏精确和系统化收集数据的手段和收集数据的意识。目前的数据要么是缺失，有待收集；要么是数据准确性差，经不起推敲和检验；要么难以公开共享。数据的滞后和缺失难以满足农产品监测预警工作实时精准的技术要求。

大数据是"人类社会—物理世界—信息社会"三元世界沟通融合的重要纽带，其形成的信息流贯穿于农产品生产、流通、消费各个环节。大数据的发展正在改变着传统农产品监测预警的工作范式，推动农产品监测预警在监测内容和对象、数据快速获取技术、信息智能处理和分析技术、信息表达和服务技术等方面发生深刻变革。

随着农业大数据的发展，数据粒度更加细化，农产品信息空间的表达更加充分，信息分析的内容和对象更加细化。传统的农产品监测预警常常存在"抓大放小"的问题，抓住了粮、棉、油、糖等大宗农产品，而忽视了小宗鲜活农产品，造成生姜、大蒜、绿豆等小宗产品价格"过山车"式的波动，一度造成市场不稳。因此，市场环境下任何品种都应当予以恰当关注。伴随移动信息获取手段和设备的改进，数据获取变得更加快速和便捷，分析对象也从"总体"监测向"细化"监测转变。农产品的质量风险和市场风险既是"产出来"的，也是"管出来"的，过去受制于信息监测手段和设备的局限，无法实现全产业链的监测预警，而大数据技术则突破了这一困局，使得农产品的分析产品涵盖大宗、小宗农产品，监测预警内容从总体供求向产业链、全过程监测扩展，预警周期由中长期监测向短期监测扩展，预警区域由全国、省域向市域、县域、镇域，甚至是具体的田块扩展。

二、农业大数据的内涵

农业是产生大数据的无尽源泉，也是大数据应用的广阔天地。农业数据涵盖面广、数据源复杂。农业大数据是大数据理论和技术的专业化应用，除了具备大数据的公共属性，必然具有农业数据自身的特点。大数据是一种快速变化的、拥有海量数据和价值的数据类型。农业经济大数据除上述特点外，还拥有农业经济所特有的特点。农业是很容易受到土壤、气候、市场、政策以及企业等因素影响的行业，并且农产品从生产到收获在进入市场的周期也较长，这就导致了在这些环节产生的数据存在一定的不确定性以及动态变化等特点。

通常所讲到的农业，实际上应涵盖农村、农业和农民三个层面，具有涵盖区域广、涉及领域和内容宽泛、影响因素众多、数据采集复杂、决策管理困难等特点。狭义的农业生产是指种植业，包括生产粮食作物、经济作物、饲料作物和绿肥等农作物的生产活动等，不仅仅涉及耕地、播种、施肥、杀虫、收割、存储、育种等作物生产的全过程各环节，而且还涉及跨行业、跨专业、跨业务的数据分析与挖掘，以及结果的展示与应用，乃至整个产业链的资源、环境、过程、安全等监控与决策管理等。广义的农业生产是指包括种植业、林业、畜牧业、渔业和副业五种产业形式，均应该包含在农业大数据研究的范畴中。

随着精准农业、智慧农业、物联网和云计算的快速发展要求，农业数据也呈现出爆炸式的增加，数据从存储到挖掘应用都面临巨大挑战。物联网在农业各领域的渗透已经成为农业信息技术发展的必然趋势，也必将成为农业大数据最重要的数据源。大量的农业工作者和管理者，既是大数据的使用者；也是大数据的制造者。由于农业自身的复杂性和特殊性，农业数据必将从基于结构化的关系型数据类型，向半结构化和非结构化数据类型转变。相对于采用二维表来逻辑表达的关系型数据结构，农业领域更多的是非结构化的数据，如大量的文字、图表、图片、动画、语音/视频等形式的超媒体要素，以及专家经验和知识、农业模型等。大量事实已经证明，非结构化数据呈现出快速增长的势头，其数量已大大超过结构化数据。尤其是农业生产过程的主体是生物，易受外界环境和人的管理等因素影响，存在多样性和变异性、个体与群体差异性等，都决定了对数据的采集、挖掘与分析应用的难度。如何挖掘数据价值、提高数据分析应用能力、减少数据冗余和数据垃圾，是农业大数据面临的重要课题。

农业数据主要是对各种农业对象、关系、行为的客观反映，一直以来都是农业研究和应用的重要内容，但是由于技术、理念、思维等原因，对农业数据的开发和利用程度不够，一些深藏的价值关系不能被有效发现。随着大数据技术在各行各业广泛研究，农业大数据也逐渐成为当前研究的热点。

农业大数据解决的问题不是存量数据激活的问题，而是实时数据的快速采集和利用的问题；农业大数据解决的问题不是关系型数据库集成共享的问题，而是不同行业、不同结构的数据交叉分析的问题。

农业大数据至少包括下述几层含义：

基于智能终端、移动终端、视频终端、音频终端等现代信息采集技术在农业生产、加工以及农产品流通、消费等过程中广泛使用，文本、图形、图像、视频、声音、文档等结构化、半结构化、非结构化数据被大量采集，农业数据的获取方式、获取时间、获取空间、获取范围、获取力度发生深刻变化，极大地提高农业数据的采集能力。

跨领域、跨行业、跨学科、多结构的交叉、综合、关联的农业数据集成共享平台取代了关系型数据库成为数据存储与管理的主要形式，基于数据流、批处理的大数据处理平台在农业领域中的应用越来越频繁，交互可视化、社会网络分析、智能管理等技术在农业生态环境监测、农产品质量安全溯源、设施农业、精准农业等环节大量应用。

农业产业链各个环节的政府、科研机构、高校、企业达成竞争与合作的平衡，农业大数据协同效应得到更好的体现。农业大数据形成一个可持续、可循环、高效、完整的生态圈，数据隔离的局面被打破，不同部门乐于将自己的数据共享出来，全局、整体的产业链得以形成，数据获取的成本、渠道大大降低。

大数据的理念、思维被政府、企业、农民等广泛接受，海量的农业数据成为决策的依据和基础，天气信息、食品安全、消费需求、生产成本、市场价格等多源数据被用来预测农产品价格走势，耕地数量、农田质量、气候变化、作物品种、栽培技术、产业结构、农资配置、国际市场粮价等多种因素用来分析粮食安全问题，政府决策更加精准，政府管理能力、企业服务水平、农民生产能力都得到大幅度提高。

三、农业大数据的特点

（一）农业大数据的优势特点

（1）数据量大。从行业上看，其包含了种植业、养殖业和林业等领域的信息，并延伸到种子、化肥、农药、农机、饲料、农产品加工等子行业的所有信息。同时包含各类统计数据、进出口数据、价格数据、生产数据和气象数据等。有国内区域的数据，也借鉴国外数据。

（2）数据类型多。有土地资源数据、水资源数据、气象资源数据、生物资源数据等资源数据；有种子、化肥、农药、苗木、耕地、水利、农机等种植业数据，也有仔猪、饲料、圈舍、疫情等养殖业数据；有市场供求数据、行情数据；有国内生产数据和国际农产品动态数据。

（3）处理速度快。除常规的数据采集、人工报送外，还应用全球定位系统（GPS），可以快速地、大量地生成自己的位置信息；通过地理信息系统（GIS），可以快速地建立农业信息资源库、农业资源动态监测、农业生产的管理和决策；利用遥感（RS）成像技术，可生成农业资源、农业灾害、农作物生长情况的信息地图。

（4）精确度高。农业大数据通过科学采集、预处理，精确的分析和挖掘，具有较高的精确度。

（二）农业大数据的特有属性

农业大数据指物联网、移动互联网、云计算等新一代信息技术与农业产业链环节融合形成的具有潜在价值的、海量的、活的数据，是现代农业建设、发展、管理的基准线，其在继承大数据核心特征的基础上深入融合农业领域的自身特点，发展成为一类具有显著领域特色的数据集。因农业的地域性、季节性、周期性、多样性等特征，农业大数据除了大数据的4V（Vloume、Variety、Value、Velocity）以外，还具有自身的独有属性。

1. 领域属性

农作物生产环节包括育种、耕地、播种、灌溉、施肥、杀虫、收割、存储等，并由此涉及相关上下游产业，如种子、饲料、肥料、农膜、农机、粮油果蔬加工等，同时还涉及社会经济数据、气象环境数据、基础地理数据、遥感影像数据等。

2. 空间属性

影响农业的要素很多，包括作物、人类活动、土壤、气候、水资源等，具有强烈的地域性。一方面，自然条件的不同造就了各地农业自然资源的差异；另一方面，各地社会经济和生产技术条件不同，使农林牧布局、经营方式、农业产业结构、资源利用等存在差异。此外，从数据粒度上来说，农业大数据的空间范围包括从粗尺度的全球、全国、省、地级市到细尺度的县、乡、村、组、地块等，数据组织难度相对较大。

3. 时间属性

农业生产具有季节性和周期性，如长江中下游地区"油稻稻"三熟制包括早稻春种夏收、晚稻夏种秋收和油菜秋种春收。

4. 交叉属性

生物技术、计算机信息技术逐步渗透到农业种质资源动植物育种、作物栽培、畜禽饲养、土壤肥料、植物保护等各个研究领域，产生跨行业、跨专业、跨业务的农业大数据，这些数据的分析与挖掘可以拓展农业生产的领域和范围，提高农业生产的可控程度。

5. 异构属性

农业大数据往往是分散海量、异质异构的数据集，如鸡舍监测每日采集的鸡舍气象、有害气体、鸡的体征、鸡群视频、鸡舍噪声等数据，这些数据包括数值、视频、图像、音频等多种数据类型。

（三）农业大数据发展存在的问题

大数据与农业的融合，作为一新兴的技术领域，存在着一些困难与挑战。重点体现在数据采集、数据存储、数据处理、数据分析与数据应用等方面。农业数据采集，须运用互联网、物联网技术，尽可能收集异源及异构数据，多角度体验农业数据的全面性和可信性；农业数据存储，须结合分布式、云计算技术，达到低成本、低能耗及高可靠性的目标；农业数据处理，须将数据、文本、高维图像等类型数据降维后度量与处理，导出可理解的内容；农业数据分析，须结合降雨、气温、土壤状况与历年农作物产量等农业相关数据，运用大数据挖掘技术，预测农业未来产量，服务精准种植；农业数据应用，结合农业产前、农业生产、农产品加工、流通及消费的特点，将大数据广泛应用到农业产业链的各个环节。

此外，农业大数据在政策法律、数据开放、数据共享及人才培养等方面都面临着严峻挑战，希望国家、企业及个人共同努力，为大数据在农业中的应用带来跨时代的变革。

受多种因素制约，大数据在现代农业发展中的应用存在诸多挑战，尤其体现在数据挖掘、数据安全及专业人才素质等方面。

1.大数据挖掘问题

农业大数据的挖掘过程需要较高的专业水准和庞大的资金成本支持，因此，不可避免在挖掘的过程中会面临诸多的困难。确切来讲：第一，在数据收集阶段，尽管当前互联网的发展已经较为全面，物联网等各种模式的发展也日渐成熟，但是针对农业要解决的确切问题而开展的农业大数据的搜集任务依然艰巨，并且搜集到的数据庞大复杂，针对这些数据进行筛选和排除依然非常困难。为了保证数据的可靠性和准确性，数据的筛选工作又不得不认真完成，在允许数据个别误差存在的前提下，质量的要求依旧非常严格，只有这样才能为后续的数据分析提供准确性的保障。第二，在数据存储阶段，传统的数据储存并不能承载如此庞大的数据集，而农业数据往往数量惊人，若采用当前较为先进的如EC2这类的掩码计算云服务，数据整理阶段的成本就会大大提高，并不具有实用性，一般性质的科研项目在数据的储存阶段很难支撑起这样高的成本。第三，在数据处理阶段，所有搜集到的数据将会被统一储存起来，在进行分析之前，首先要完成的是统一的数据清洗任务，而当前我国的数据清洗水平和技术手段还不高，这就给数据的处理带来了很大的挑战。尽管有Hadoop这类关于数据清洗的技术可以提供支撑，但是它们在数量巨大和结构复杂的数据任务面前提供的相关数据管理工具如数据流、数据库等并不能解决大部分的问题。因此，如何在庞大的数据中筛选有效的数据，排除无效数据就显得尤其重要，若不能够选择有效的数据进行分析，最终甚至会出现相反的结论。这也对数据处理工具提出了更高的要求。

2.大数据安全问题

根据各地区建设"智慧城市"的要求，农业大数据也逐渐被融入其中。而庞大复杂的农业数据在输送到云端机型储存的过程中，难免会容易失去保护，关于数据的安全风险系数也会出现成倍的增加。尽管相关部门在农业数据的迁移过程中采取了一系列的保护措施，如用户访问限制、入侵检测、防火墙等，但是互联网的开放性决定了这些敏感和重要的数据依旧处于危险的境地中，依旧能够被一些不法分子进行窃取和监控，重要的农业资源信息的泄露将会给农业生产链带来破坏性的冲击。当前，世界各国都面临如何保护相关数据的挖掘和利用的问题，急需相关的制度对其进行保护和服务。原因主要有两个方面，其一是从相关部门到农业个体使用者都缺乏必要的数据保护意识，重视使用，轻视管理。针对农业大数据的采集、处理和储存方面安全意识的不足，导致很多的农业数据能够被保护的仅仅不到一半。其二是缺少必要的法律和制度进行硬性保护，对于农业大数据的采集和共享仅有少量的制度出台，未曾有相应的法律进行管理和约束，这是造成农业大数据无法被保护和充分挖掘并有效使用的另一方面原因。

3. 人才建设问题

当前，我国农业生产经营方面存在主要问题是专业型人才缺失，专业型分析人员缺口较大，而大多数相关人员关于信息化的教育普及力度较小，这些都成为限制农业大数据挖掘和利用的主要问题。也正是这些问题的存在，当前，我国农业大数据在分析时总是以第三方的形式进行，即把数据交给第三方的分析公司进行处理和分析，这种外包形式的商业模式虽然一定程度上减轻了人力和物力，但是不可避免也存在着较大的隐患，主要有两个方面的问题：第一个方面是这些数据交给第三方公司进行处理，如果这些数据较为敏感，就会存在商业机密被泄露的可能，导致企业得不偿失；第二个方面是第三方在进行数据处理时，数据分析人员的水平和负责程度都未曾可知，这就有可能导致这些珍贵的数据"被贬值"。想要充分挖掘数据的价值和利用程度，就必须要求管理知识、经济知识和农学知识等专业知识丰富的农业大数据处理人员负责认真的对待这些数据。但是目前存在的现状是我国不同区域特别是城乡发展的不平衡性导致计算机等信息化的教育水平参差不齐，一些落后地区的信息化基础设施落后并发展缓慢，这就给信息化教育的普及带来了极大的困难。此外，农业数据的搜集等工作需要到农村进行工作，而那些专业的数据分析人才一般很少愿意到落后的农村进行发展，这也是目前专业数据分析人才在农业现代化程度较好地区急缺的主要原因。

四、农业监测数据采集

在农产品生产过程中，主要利用全球卫星定位系统、地理信息系统、遥感系统、自动控制系统、射频识别系统等现代信息技术来提高现代农业生产设施装备的数字化、智能化水平，发展优质农产品生产。典型利用如农田管理地理信息系统、土壤墒情气象监控系统、智能灌溉系统、测土配方施肥系统、作物长势监控系统、病虫害监测预报防控系统等。

（一）农产品生产基础数据采集

该系统以地理信息系统 GIS 进行农田数据分析、处理为核心，结合全球定位系统 GPS 和遥感技术 RS，辅助农田基础数据采集和监测农田利用，为农产品优质生产提供基础数据。充分利用 GIS 技术的空间信息管理功能，有效地管理、维护和更新基本农田的空间信息资料；利用 GIS 技术的专题制图功能，可以根据用户需要自动生成各种分析图、评价图和规划图，为管理人员建立基本农田的空间概念；利用 GIS 技术的空间分析功能，可以综合考虑、正确判断基本农田各种空间综合影响因素，从而获得科学的结论。

系统能够准确地获取农田小区内作物产量和影响作物生长的环境要素在空间与时间

分布的差异性信息，生成各种差异性信息的分布图，并在各种辅助决策系统的支持下，生成指导农田内定位作业管理的处方图（Prescription Map），并将处方图提供给智能农机实施定位作业管理，提高农产品生产的科学性与合理性。

数据信息主要有以下三类：

一是基础地图数据库，包括农田周围分布数据图，如道路数据，铁路、公路、乡村路等现状地物要素；水系分布数据图，如河流、渠道、湖泊、水库等水系现状和面状地物要素；农田行政区位数据图，如省市界、区县界、乡村界等地物要素；土地图斑数据，如基本农田与一般农田的地物要素。

二是属性数据（耕地图斑数据为例），包括耕地空间属性数据，空间数据是指以地球表面空间位置为参照的自然、社会和人文经济景观数据，可以是图形、图像、文字、表格和数字等，如耕地坐标值、唯一性的标识码、耕地面积和周长等；非空间属性数据，包括耕地乡镇和村名及编码、地类性质、土壤类型、产量、地下水深度、土壤中的化学元素含量和气候数据等。同时，属性数据库分为静态数据库和动态数据库，静态数据库包括农田所属、种植制度、作物品种、产量水平、土壤类型、土壤肥力水平等，动态数据库包括在作物生长过程中随时间变化较大的环境条件如土壤水分、土壤养分、作物长势等动态数据信息。

三是多媒体数据，包括农田遥感图像图片、作物生长照片和视频等。

（二）农产品生产气象影响监测数据采集

我国是一个农业大国，而农业又是气候变化最敏感的领域之一，气象条件对农业生产过程有着重要影响，并且随着农业产业结构的调整，农业尤其是特色农业对气象服务质量的要求越来越高。为了更好地提高农作物产量，必须对农作物生长的一些必要气象数据，如温度、湿度、气压、风向、风速、雨量总辐射量等气象参数进行监测，农田气象数据监测系统利用实时采集的气象数据对未来一段时间内的气象情况做出较为精确的预测和预报，对于农业生产具有一定的指导意义。

农产品生产对气候变化敏感，灾害性天气直接影响着农产品生产的质量和产量。气候变化会造成我国大多数主要作物水分亏缺，生育期缩短，产量下降，并使我国现行的农产品种植制度和作物布局发生改变。因此，进行气象监测，研究气象对农产品生产的影响，对于发展可持续农业是极为重要的，并具有极大的现实意义和深远意义。

气象影响监测系统主要是面向农产品生产全过程、多时效、定量化的农业气象监测分析、预测预报和影响评估的技术系统。主要用于农业气象灾害预警、产量预报及人工影响天气业务，提升农产品安全和农产品生产的气象综合保障能力。利用卫星遥感监测作物长势、种植面积和农业气象灾害等；通过气候变化对农业生产力布局、种植结构、农业生态环境和农业气候资源的利弊影响进行分析，定量评估气候变化对农产品生产和安全的影响，防范农业生产的长期气候风险；通过极端气候事件对农业生产影响的预评估，提出相应的应急对策措施；通过开展农业气象灾害的风险评估和区划及精细化的农业气候区划，为提高农业的气象灾害风险防范、风险管理和风险转移提供支撑，为科学规划农业生产布局，合理调整农业种植结构提供决策支撑。

农产品生产气象影响监测数据每天实时采集，包括环境温度、环境湿度、露点温度、风速、风向、气压、太阳总辐射、降雨量、地温（包括地表温度、浅层地温、深层地温）、土壤湿度、土壤水势、土壤热通量、蒸发、二氧化碳、日照时数、太阳直接辐射、紫外辐射、地球辐射、净全辐射、环境气体等数据指标，也可根据农业生产用户科研需要进行灵活配置，同时还可与 GPS 定位系统、天气报文编码器等设备连接，可满足农产品生产气象观测的业务要求。可以根据每日气象监测数据，计算长时间的气候特征，如计算月平均气温、昼夜温差、上旬平均气温、中旬平均气温、下旬平均气温、极端最高气温极端最低气温等；根据降水量和降水强度，计算月降水量、上旬降水量、中旬降水量、下旬降水量、月雨日、上旬月雨日、中旬月雨日、下旬月雨日等；根据每日监测日照数据计算月日照时数、上旬日照时数、中旬日照时数、下旬日照时数；根据湿度数据分析相对湿度和绝对湿度；根据风的观测数据分析风向和风速等。

另外，根据我国农业气象观测方面的规定，农业气象观测包括对农作物生长环境中物理要素和生物要素的观测和记载。物理要素包括气象要素和有关的土壤要素。气象要素的大气候观测方法在《地面气象观测规范》中有详细的规定，不同农产品生产有不同的观测数据要求，分为作物分册、土壤水分分册、自然物候分册、畜牧分册、果树分册、林木分册、蔬菜分册、养殖渔业分册和补充篇农业小气候观测等。

（三）农产品生产环境监测数据采集

农业生产环境属于复杂系统，随着传感器的发展，农业信息获取的范围越来越广，从育种到成熟，对各个阶段的生态数据、生理数据、环境数据等进行实时监控，实现对农作物的动态监控、可视化分析。

智慧农业取代传统农业是现代化信息技术发展的必然，而大数据时代已经不仅仅是一个概念，将大数据与智慧农业相结合，促进农业生产方式的转变，提高资源的利用，更科学地提高生产力。虽然大数据在农业领域还处于发展阶段，所预测的结果存在一定的差异性，但是随着数据的积累，算法的完善，大数据是实现农业信息化可持续发展的重要途径。

使用传感器和遥感卫星可以对农作物的生产环境进行检测，从而感知农作物的生产。通过采集农作物生长环境中的各项指数数据，再把这些采集的数据放到本地化的或云端的数据中心，从而对农业生产的历史数据和实时监控数据进行分析，提高对作物种植面积、生产进度、农产品产量、天气情况，气温条件，灾害强度，土壤湿度的关联监测能力。

这样，农业生产者就能根据天气、自然灾害、病虫害、土壤墒情等环境因素，监测作物长势，指导灌溉和施肥，预估产量。随着 GPS 导航能力和其他工业技术的提高，生产者们可以跟踪作物流动，引导和控制设备，监控农田环境，精细化管理整个土地的投入。这样，相关的农业气候灾害不仅可以得到规避及科学有效防治措施，种植方法也可以得到有效指导，这使农作物可以在稳产的基础上实现增产，有效地提高农业生产效率。

农产品产地环境监测工作是保障农产品产地环境安全的重要技术支撑，是环境监测机构一项新的重要而艰巨的任务。农业农村部门积极采取措施加强农产品产地环境的监控，一方面各级农业农村部门出台了相关的法律法规，比如，《农产品产地安全管理办法》及产地环境监测的法律法规等。另一方面，加强环境监测与管理。包括无公害生产基地、绿色产品、有机产品及大中城市郊区的农产品生产基地等的产地环境，通过监控重点地区产地的农业环境质量状况和趋势，为决策提供依据。农产品产地环境监测一方面在保护耕地、实现耕地总量动态平衡、稳定高产稳产耕地面积、提高耕地质量、巩固农业基础地位、深化土地利用管理等方面有重要意义；另一方面还可以根据有关环境监测数据档案或数据库，进行环境现状或影响评价，监测耕地实际土壤状态，为生产安全优质农产品保驾护航。

农产品的质量安全是所有食品安全的基础。随着经济的高度发展，人类对环境的过度开发已对环境带来了严重的危害。农产品产地生产环境污染主要表现为大气污染、水体污染和土壤污染。大气污染主要包括氟化物污染、重金属飘尘、酸雨和沥青等。水体污染主要包括无机有毒物（如各类重金属、氰化物、氟化物等）、有机有毒物（如苯酚、多环芳烃、多氯联苯等）和各种病原体（如生活污水、医院污水和畜禽污水中含有的病毒、细菌和寄生虫等）。土壤污染主要包括农用化学品及工业与生活废弃物污染等。环境污染物的来源非常广泛，如汽车尾气、发电厂废气、矿山和冶炼厂的"三废"排放及各种化学物质的生产与使用。为保证农产品生产环境的安全，防止污染物对作物及生态环境的危害，国家已制定了相应的土壤、水和大气的环境标推，建立严格与完整的农产品产地环境监测网络，加强对产地环境的监测，从生产源头上确保农产品安全。

农产品产地环境监测对象主要是污染农区和主要经济农区的土壤、作物、大气、农用水质和渔业水域。监测的内容包括污染监测，重点是工业、乡镇企业污染区，城市废水、垃圾利用区、酸雨沉降区、农药化肥频施区；基地、大环境影响监测，重点是商品农业、大型工程和经济开发区；农产品生产环境事故监测；为获取未受或少受污染环境要素组成元素的自然含量而进行的环境背景值监测；农业生态因素研究性监测等。农产品安全生产环境监测系统主要内容分为大气、灌溉水和土壤等指标体系中的多个因子作为农产品生产基地环境质量评价的指标体系和评价因子。其中，大气质量指标体系主要包括 SO_2、NO_2、氟化物、总悬浮颗粒物等；灌溉水质量指标体系主要包括 pH 值及镉、铅、汞、砷、六价铬、铜、氟化物、氰化物、氯化物、石油类、挥发酚等的含量；土壤质量指标体系中有 pH 值及镉、铅、铬、砷、汞、六六六、滴滴涕的含量等。不同作物的要求有所区别，并分类建立了行业标准。如 NY 5116 无公害食品—水稻产地环境条件、NY 5332 无公害食品—大田作物产地环境条件、NY 5010 无公害食品—蔬菜产地环境条件、NY 5331 无公害食品—水生蔬菜产地环境条件 NY5294 无公害食品—设施蔬菜产地环境条件、NY 5013 无公害食品—林果类产地环境条件、NY5104 无公害食品—草莓产地环境条件、NY 5087 无公害食品—鲜食葡萄产地环境条件、NY 5107 无公害食品—猕猴桃产地环境条件、NY 5023 无公害食品—热带水果产地环境条件、NY 5110 无公害食品—西瓜产地环境条件、NY 5181 无公害食品—哈密瓜产地环境条件等。

（四）土壤墒情监测及智能灌溉系统数据采集

1. 土壤墒情监测

土壤墒情监测是指通过常年降雨量、温度、湿度和光照的观测记录、对监测点所在区域不同层次土壤含水量、农业生产技术配置、作物长势、灾害性天气等的观测记载，掌握土壤水分动态变化规律，了解降水、灌溉及土壤水分变化与农业生产之间的关系，进而为农业生产的抗旱减灾和提高水资源生产效率提供科学依据。

在不同的生态气候区，在当地主导耕作土壤和主导作物上，根据种植模式和采用的农业技术的不同建立监测点，通过定点、定期的土壤水分测定和农业生产管理、作物表象等观测记载等方式，及时了解作物根系活动层土壤水分状况、土壤有效水分含量。

土壤墒情主要用于反映两个方面的含水量：一是农作物耕作层的土壤含水量；二是农作物对土壤水分的吸收量。这两个方面的含水量是当前农作物生产非常重要的基础数据，直接影响到农作物的产量。此外，对于农作物抗旱部门来说，土壤墒情的相关数据也是非常重要的，了解土壤墒情的基本信息是做出科学灌溉决策的基础。在农作物旱情预测的过程中，经常要使用到土壤墒情相关数据的变化趋势。利用土壤墒情的监测，能够有效提升农作物用水的利用率，进而实现节水灌溉的目的，使旱灾损失得到最大限度的降低。

2.田间智能灌溉系统

众所周知，农田面积一般很大，传统的数据采集工作要克服种种环境及地理因素，如果使用网络只须在网络建设初期投入一定人力、物力即可。但在农田中铺设有线网络，一方面不便于农田的耕作，另一方面成本也较高。传感器可以收集农田的田间气候、土壤墒情、灌溉水量等信息，然后通过数据采集和数据融合，最后控制各个灌溉阀门，从而实现智能灌溉。田间智能灌溉系统利用物联网的感知技术以及无线通信技术，通过建立农业信息管理系统，实现了对农田信息的监测，推动了农业的发展。

田间智能灌溉系统使用 ZigBee（Wi-Fi/LoRa）无线网络实现传感器间的通信，并经过 GPRS（3G/4G）将信息远程发送到服务器，实现了大面积农田智能灌溉，系统有着良好的应用前景。

田间智能灌溉系统中的无线自组网，是一种完全自治的分布式系统，由具有无线收发功能的可移动终端节点构成。与传统的无线通信网络技术不同，不需要固定的基础网络设施（如基站等）的支持，而且同时具有路由和控制的功能。数据传输时，网络根据各个节点（即用户终端）掌握的网络拓扑等信息，按预设的某种算法分别计算传输路径自行组网，不在通信范围内的节点依靠其他节点间的多跳转发来实现数据的传输。无线自组网这种分布式拓扑结构完全不同于传统中心式的蜂窝网络，能够更加迅速、灵活、高效地部署网络设备。目前，随着无线自组网不断深入人们的生活中，针对无线自组网的研究也逐渐成为行业内的热点。

田间智能灌溉系统无线自组网技术主要包括 ZigBee、Wi-Fi、LoRa 等。

ZigBee 无线通信技术是一种具有低功耗、低成本的无线通信技术，其工作在 2.4 GHz 的 ISM 频段，传输数据的速率是 20~250 kbps，其通信距离较有限，在 10~100 m，但在增加发射功率后，亦可增加到 1~3 km，这指的是相邻节点间的距离。如果通过路由和节点间通信的接力，传输距离将可以更远。ZigBee 无线通信技术在目前工业控制中的应用较广泛，也在田间智能灌溉系统中得到了应用。

Wi-Fi 无线通信技术是一种在较短范围内传输的无线通信技术。Wi-Fi 是当今 WLAN 的主要技术标准之一，其无线接入速率能够达到每秒几百兆比特，具有良好的可移植性和更好的带宽特性。然而由于其功耗高，使得 Wi-Fi 在田间智能灌溉的推广和应用受到了限制。

LoRa 无线通信技术是一种具备超长通信距离且低功耗的数据传输技术，LoRa 技术的信道带宽为 125 kHz，这使其通信速率可达 0.3~50 kbps。其工作频段在 0.137~1.020 GHz 内，其频谱在 1GHz 以下且接收灵敏度可达到 −148 dBm。LoRa 扩频技术采用线性扩频调制，即使同时以相同频率发送数据，序列终端也不会相互干扰，通信距离明显提高。同时，LoRa 在传输过程中不需要中继器，降低了系统功耗，提高了安全性和抗干扰性。因此，LoRa 无线通信技术在田间智能灌溉系统中受到越来越多的青睐。

（五）农业生产灾情防治大数据采集

自然灾害及有害生物会影响农作物产量及质量。在感染病虫害后，农民主要根据经验做出判断并自行处理，因农民知识不全面，防治技术落后，导致防治效果并不理想，甚至因盲目用药而造成了严重的资源浪费。而通过应用大数据技术，可构建一个专业的实时监测平台以实时监测农作物生长情况，识别各种农作物病虫害，为农民推送科学防治知识及技术措施。气象灾害也是农业生产的一项重要影响因素。可利用大数据技术构建气象格点数据，以精准预测天气，在此基础上农民可及时调整各项农事活动，降低恶劣天气可能造成的损失。

五、大数据技术推进农业监测的实践路径

（一）合理部署农业农村大数据发展

1. 推进涉农数据共享

开展省级农业农村大数据中心建设，通过软硬件资源整合和架构重建，形成上下联动、覆盖全面的省级农业农村大数据共享平台。完善农业信息资源共享机制，以共享促共建制定涉农信息资源目录体系与相关标准，深化农业专项数据建设，促进信息资源共享共建、系统互联互通、业务协作协同。推动省部农业大数据共建，探索农业农村部各类统计报表、各类数据调查样本和调查结果、批发市场监测数据、农村固定观察点数据等开放模式，促进部省之间数据有序共享。

2. 开展单品种大数据建设

依托本地区优势特色产业，开展单品种全产业链大数据建设，建立完善的数据采集、数据分析和数据服务机制，增强生产经营的科学决策能力。

3. 探索市场化的投资、建设、运营机制

探索政府和社会主体合作建设农业大数据的有效途径，按照"利益共享、风险共担、全程合作"的原则，引导新型农业经营主体及其他社会资金积极投资农业大数据建设。加强政府和社会资本合作（PPP 模式）的制度设计，研究制定服务外包、项目代建的具体

措施，以及与之配套的信息安全保密管理制度，探索大数据建设运营新模式。

4. 推动农业农村大数据应用

积极探索农业大数据技术在农业领域集成应用，对海量数据进行分析挖掘，实现决策的智能化、精确化和科学化。结合农业物联网、信息进村入户和农产品电子商务等工作，在测土配方施肥、动植物疫病防控、农机作业、农产品质量安全监管、农业生态环境保护等领域，研发一批有效支撑智慧农业建设的大数据应用系统。联合政产学研用各方主体，开展农业大数据共性关键技术研发和大数据关联分析，开发一批分析模型和应用成果。

（二）建设农业数据监测体系

首先，农业大数据应用的实现离不开真实有效的数据作为支撑，而农业数据监测体系是农业大数据应用实现的重要数据来源。农业数据监测体系涵盖了农业产业生产、价格、库存、消费、贸易和成本收益等六大核心数据、企业主体信息动态监测等重要数据的核心来源以及动态更新。横向通过对农产品品类的扩展构建重要农产品市场行情监测体系，纵向通过对产业链全链数据的深度整合构建重点农业产业链数据监测体系。通过监测数据的持续更新与应用，让农业大数据平台成为有源之水、有本之木。

其次，农业数据监测体系是政府实现产业监管及数据支撑决策的重要抓手。通过农业数据监测体系能够及时、快速、准确地掌握农业产业经济运行信息，完善农业产业经济运行监测体系，准确判断经济运行状态和产业发展趋势，为生产要素的平衡、企业经营矛盾的协调和企业发展的政策支持提供决策依据。这主要体现在：监测价格总水平及重要商品价格动态，预测变化趋势，为政府正确和及时实施宏观调控政策提供决策依据；跟踪、反馈价格监管政策和措施的执行效果，为政府及时修订政策、完善措施提供跟踪支持；建立预警机制，实施应急监测，为建立有效的应急处理机制提供保障；价格监测调查、采集的信息经过加工整理、分析预测，提供监测数据公共信息服务，正确引导生产、消费，减少市场盲动，促进宏观调控和价格监管决策的实施。

最后，农业数据监测体系是实现数字农业大数据应用及数据服务的重要方式。通过农业数据监测平台开展对重要农产品市场行情分析，引导产业主体搞好产业结构调整，推进市场化产业的发展。市场经济条件下，市场机制决定价格的作用日益明显，价格变动的敏感度提高，价格面对的市场情况比过去复杂得多。这就要求通过农业数据监测平台不断强化农业数据监测工作，为农业产业的协调发展提供充分的市场信息和必要的预测预警意见支持，从而提高价格调控监管的主动性和预见性。建立重点农业产业全产业链数据采集制度和预警体系，指导农业生产，促进产业持续平稳发展和转型升级。

（三）逐步推进农业大数据开放共享

近年来，随着我国信息化的不断推进，农业数据开放共享的基础环境不断优化，形成了一批开放共享的平台和系统，但是总体来说，农业数据共享总量有限，水平亟须提高。

1. 农业大数据共享的基础环境得到优化

信息化的不断推进优化了数据共享的环境。根据中国互连网络信息中心统计，截至2016年6月，中国网民规模达7.10亿，互联网普及率达到51.7%。其中农村网民规模达1.91亿。《中国信息社会发展报告2015》显示，2015年我国信息社会指数达到0.4351，在全球排名第88位，预计2020年前后将达到0.6，整体上进入信息社会初级阶段。在整个社会信息化水平不断提升的大背景下，农业信息化水平也得到显著提升。

到2013年，我国20户以上自然村通电话比例达到95.6%，行政村通宽带比例达到91%，开展信息下乡活动的乡镇覆盖率达到85%。农业生产智能化水平不断提高，农业物联网应用示范工程不断推进，在天津、上海、安徽开展物联网区域试点的基础上，黑龙江农垦大田种植、北京设施农业、江苏宜兴养殖业、内蒙古玉米、新疆棉花大田国家物联网应用示范工程得到有序推进。

农产品电子商务发展迅猛，到2015年，淘宝村发展到780个，同比增长268%，全国农产品电商平台超过3000家。2014年6月19日，"金农"工程一期项目通过竣工验收，初步建成了农业电子政务支撑平台，构建了国家农业数据中心和国家农业科技数据分中心，开发了农业监测预警、农产品和生产资料市场监管、农村市场与科技信息服务三大应用系统。自2014年农业农村部在北京、辽宁等10个试点省市、22个试点县启动信息进村入户试点以来，至今已建成运营近4000个益农信息社，覆盖试点县行政村的60%以上。

农业部（现已改称农业农村部）按照国家部门统计调查制度管理相关规定，已建立了30余条信息采集渠道，布置采集点上万个，涵盖生产、初加工、产地流通、农户消费等不同环节，实现省、市、县、乡四级行政网络基本覆盖，特别是基点县、不同规模调查户信息监测得到加强，初步形成日、周、月、季、年以及关键农时、重要季节定期动态采集、互动有机的信息链条。逐步建立并完善了21套统计报表制度，包括农业综合统计、农业生产和服务统计、农产品价格统计、农村经营管理、农产品加工及农业资源和农村能源环境等信息，共计报表300张、指标5万个（次）。这些基础设施的完善为农业数据共享奠定了坚实的基础。

2. 初步形成了一批农业数据共享和发布平台

大数据背景下信息开放共享需求日益强烈。2007年我国通过了《中华人民共和国政府信息公开条例》，2015年国务院办公厅印发的《2015年政府信息公开工作要点》以及《促进大数据发展纲要》，均明确强调推进信息公开共享工作。

近年来，各涉农部门分别加强了数据的开放共享工作，取得了一定的成效。国家统计局制定了《农业产值和价格综合统计报表制度》，发布历年全国、分省农业资源、农产品生产数据以及农村和城镇住户抽样调查数据，特别是人均食物消费量数据；国家发展与改革委员会建立了《全国粮食价格监测报告制度》，对外发布和共享生猪生产者价格和主要农产品批发价格等信息；商务部建立了《生活必需品和重要生产资料市场监测系统》，发布有关农产品的市场和贸易信息；国家粮食局建立了《国家粮食流通统计制度》，对外发布粮食产量数据等；农业部（现已改称农业农村部）主要围绕生产、价格和成本收益等三大类指标开展了监测统计工作，大体上实现了主要农产品和重要生产资料的基本覆盖，自2005年起，利用"金农工程"一期建设项目，农业部（现已改称农业农村部）建立了国家农业数据中心。

2007年起建立了重要数据共享制度，市场与经济信息司每月汇总各司局主要数据，编印《农业农村经济重要数据月报》。农业部（现已改称农业农村部）从2003年起推出的《农业农村部经济信息发布日历》制度，较好地发挥了服务生产和消费、引导市场预期的作用。在农业科学数据方面，2002年科技部正式启动建设国家科学数据共享工程，试点建设9个学科领域的科学数据共享平台，其中包括了农业科学数据共享中心。截至2013年底，该平台已经完成整合12大类农业学科的60个农业核心主体数据库，共计数据集700余个，占我国农业科学数据资源存量总数的80%，数据量达到3 217 GB。

3. 农业大数据共享的水平有限，质量不高

从我国的涉农数据采集来看，主要是围绕生产、消费、市场、贸易、成本和库存等六个方面开展监测统计。生产方面，主要是国家统计局、农业农村部和国家粮食局开展监测，在大宗农产品上，共享的水平相对较好，但是涉及小宗农产品，信息的监测和共享的相对不足，特别是当社会上出现"蒜你狠、豆你玩"等时，没有一个部门能够给出准确的信息。

在消费方面，我国目前尚未建立完善的农产品消费统计调查制度，只有国家统计局通过住户调查得到部分数据，但是只是局限在本部门内部使用，其他部门很难得到，这严重影响了对消费的判断；库存方面，库存数据主要包括国家库存、商业库存和社会库存三部分，国家库存为国家粮食局掌握。

但是1995年，国家粮食储备局、国家保密局联合印发的《粮食工作中国家秘密及其秘级具体范围的规定》（国粮办联〔1995〕161号）明确规定"全国粮油储备总规模、实际储藏量和分布情况以及相应的资金数额"是绝密级数据，这使得库存数据无法对其他部门开放和共享；在价格数据方面，农业部（现已改称农业农村部）、商务部、发改委和粮食局以及供销总社等分布开展了生产者价格、批发价格和零售价格监测，但是各个部门因为指标解释和调查样本不一致，很难共享，数据打架问题时常出现。

从我国主要数据的共享情况可以看出，目前，我国农业数据重复建设的多，开放共享的少，发布的部门多，有效衔接的少，消费库存数据缺乏，或以保密为由，不主动发布，这不仅严重影响了我国数据的公信力，妨碍了公众的知情权，也严重影响了全面科学准确的决策水平。

（四）逐渐完善农业信息监测预警体系

我国古代劳动人民在生活中就积累了朴素的预警思想，人们已能利用天气征兆预测未来气象的变化。例如，"山雨欲来风满楼""一叶知秋"等流传甚广的谚语就反映了当时的预警思想。然而，这些朴素的预警思想当时还未上升到理性，其后逐渐上升为科学，还是近百年的事情。[①]

近年来在农业农业部（现已改称农业农村部）等部委的大力支持下，在一系列国家科研项目及国际合作项目的支撑下，以及多个科研单位监测预警团队的不懈努力下，中国农业监测预警工作取得显著进展，青年一代研究人才不断成长。近十年来，构建了农业监测预警理论基础，突破了信息分类关键技术和系统研发难题，促进了农业信息分析学学科的形成；围绕农业发展中的一系列重大问题和需求，如农业自然灾害、作物病虫害、自然资源监测和农产品市场监测等，取得了不少研究成果；对现代农业管理的应急调度及信息权威发布等发挥技术支撑作用，如农业部（现已改称农业农村部）开展基本全覆盖的18个品种监测预警，成立由农业部（现已改称农业农村部）市场预警专家委员会、农业部（现已改称农业农村部）全产业链信息分析预警团队组成的分析力量，2014—2017年连续召开4届中国农业展望大会等；优秀团队、青年人才不断涌现，全国形成了较大规模、较高质量的农业监测预警研究团队和研究力量。其中，以许世卫为首席科学家的中国农业科学院农业监测预警团队，作为全国农业信息监测预警研究的国家专业队伍，培养了一支年轻化、专业化的专业人才队伍，在理论与方法研究、技术与设备研发、分析预警与精准化服务创新应用等方面开展了长期研究，取得了良好成效。

而目前，我国的农业监测预警已进入以信息感知与智能分析为特征的快速发展阶段。

（五）不断完善农业信息发布和服务制度

1.信息服务体系初步形成

（1）建设社会化的农业信息服务体系

自农业农村部于2001年启动了"'十五'农村市场信息服务行动计划"，到2010年的《农业农村信息化行动计划（2010—2012年）》和《全国农业和农村信息化建设总体框架（2007—

① 赵冬缓：《农业宏观管理学》，北京：中国农业大学出版社，2001年，第14页。

2015）》的实施，各省（区）积极制定政中推进农村信息服务体系建设和服务工作。

改革开放以来，我国农业信息服务体系的建设主要通过三个途径：一是不断深化市场化取向的改革，为农业信息服务体系中各类经营性服务组织的发育创造良好的制度环境；二是逐步改革农业农村部门所属服务组织的运行机制，增强其服务功能，完善其服务方式；三是动员社会力量尤其是涉及部门积极参与为农信息服务。目前，多元主体、社会化的农业信息服务体系基本形成：以家庭承包经营为基础，以公共服务机构为主导，多元化和社会化的市场主体广泛参与的新型农业信息服务体系初显雏形；各农业信息服务主体在农业产前、产中、产后的服务上与农民经营有机结合，创新出了很多有效的农业信息服务模式。

①服务体系基本形成。我国政府机构的农业信息服务组织是按行政体系建立的，从中央到地方分别建立了各级农业信息服务中心、信息服务站，在村一级建立了信息服务站、科技组和科技示范户等。省级以下的农业信息服务组织受本级政府和上一级组织的双重领导。

除了农业管理部门的信息服务，还有社会信息传播媒介也开展各种形式的为农服务活动。因此，形成了一个以农业管理部门为主、社会服务为辅的农业信息服务体系。

农业推广体系建立了垂直管理的省、市、县、乡（镇）农业科技服务机构；在农业产业化发展较快、区域特色农业明显的地区，组建了区域性乡镇农技信息推广站。基层农业信息的传播与农业技术人员的实用技术推广工作是密不可分的，鉴于农业技术服务具有信息服务性质，尤其在技术信息、品种信息等方面作用明显，农业推广的综合性信息传播机制被广大农民所接受。现阶段形成的农业信息服务体系为农民提供了比较全面的产前、产中和产后服务。

随着市场化改革取向的不断推进，农业信息服务体系中各类政府以外的市场化主体得到了蓬勃发展，进一步发展了以乡村集体或合作经济组织为基础，以公共服务部门为依托，以社会其他力量自办服务为补充的农业信息服务体系。如供销社系统、邮政系统在农业生产资料的供给、农产品的收购、储存、加工、销售等的信息服务，建立起了在农村信息服务市场中的终端服务地位。

②公共信息产品的分类提供。从农业信息体系建设趋势看，农业信息服务体系建设改革的重要内容是把政府服务划分为公益性服务项目、半公益性服务项目和私人产品服务项目，并不断地推进基层农技信息服务体制的创新。这使基层农技信息体系基本保持完整，广大农业技术/信息服务人员在农业生产一线的重要作用得到巩固。公益性服务有非排他性和非竞争性的特点，主要由政府公共服务机构向社会和个人提供；半公益性服务项目则具有不同程度的公益性和私人产品的性质，需要支付部分费用，可以中介组织提供；私人

产品服务具有排他性和竞争性的特点，可以由中介机构、企业和民间服务主体提供。

（2）农业信息服务模式不断创新

随着顶层设计的不断优化、信息技术的进步及广大农民的积极创新，新型农业信息服务组织不断涌现，服务组织形式不断创新，各类信息服务组织以市场为导向，创新出了不少服务模式。这些创新模式促进了农业综合生产能力的提高，增加了农民收入，在农业生产和农村经济发展中发挥着巨大的作用。各地在积极推进农业社会化服务体系建设的过程中，因地制宜，不断创新，积累了许多行之有效的做法和经验。

2. 信息服务结构趋于完善

（1）信息服务体系基本完善

①组织体系。经过"十一五"的建设，"县有信息服务机构、乡有信息站、村有信息点"的格局基本形成。全国100%的省级农业农村部门设立了开展信息化工作的职能机构，97%的地市级农业农村部门、80%以上的县级农业农村部门设有信息化管理和服务机构，70%以上的乡镇成立了信息服务站，乡村信息服务站点逾100万个，信息服务人员超过70万人。此外，统计、科技、气象等有关部门也结合自身业务初步建立了农村信息服务网络。省级农业行政主管部门均设立了覆盖农业信息工作的职能机构，各级机构配备了专兼职信息服务，发展了包括从事农业信息技术和服务的企业、中介组织、农民经纪人、农村种养大户在内的农村信息员队伍，村信息服务站得到广泛覆盖。

②电子政务和电子商务。农业部（现已改称农业农村部）行政审批综合办公信息系统为项目申报单位提供了网上"一站式"申报受理服务。地方农业农村部门通过网络系统，实现了监管事项的办事程序、过程和结果的"三公开"，大大提升了农产品市场监管工作效率。由农业农村部牵头实施建设的国家电子政务重点建设项目"金农工程"一期工程已经完成。一些地方电子政务通过开展农村经济社会管理信息化建设，对完善制度、改进管理、提高效率，增强透明度、遏制腐败、改善干群关系、提高队伍素质、提高农村集体资产与财务管理等工作，成效明显。

③农技推广。形成了以种植业、畜牧兽医业、水产、经营管理五个系统为主体的农技推广服务体系，在县、乡两级共有推广机构。各地实施了"农业特派员"制度，农技人员可对农民进行面对面的咨询、培训、讲解、示范，提供准确、快捷、有效、可靠、实用的农业信息服务，更具备针对性、时效性、适用性、专业性。

（2）信息传播能力显著增强

科技、教育、气象等涉农部门以电子政务为核心，积极推进各级各部门局域网的建立和应用工作，建立了面向农业农村提供信息服务及培训的网站及平台。基于CETNET的各农业院校建立了校园网络中心，建立了自己的网站；大部分农业科研机构已经联网；很多涉农企业也结合自己的业务开设了具有特色的面向农业、农村的信息服务网站。

（六）积极推进农业科学数据整合与共享

在组织中，数据是一直需要被管理的。随着技术的进步，数据管理显得越来越重要。数据在各个组织中普遍存在，几乎每个业务流程——从获取客户到交易采购，再到获取客户反馈和售后服务，都使用数据。这些流程同时也产生数据。大多数数据是电子形式的，这意味着它们是可扩展的：数据可以被大量存储、操作、集成和聚合，而后用于不同领域，包括商务智能和预测分析。数据还为组织的合规（或不合规）提供证据。

数字化转型能使组织通过使用数据来创新产品、共享信息、积累知识，并提升自身的成功概率。随着技术的迅速发展，人类产生、获取和挖掘有意义的数据的能力持续增强，同时对数据进行有效管理的需求也在不断增加。[①]

经过几年的研究和建设，农业科学数据共享中心（试点）项目基本完成农业科学数据共享的标准框架体系，制定了一批急需的标准规范，建设了6个数据分中心，集成数据库（集）490个，数据量80GB以上，并全部实现网络化共享。

开发的农业科学数据共享平台网站，访问量已超过100万次，注册用户4000个，提供的在线下载数据累计200GB，离线数据服务量600余GB，用户主要分布在科学研究机构，教育机构和企事业单位。探索了多种共享服务模式，已经为多个973项目（课题），863项目（课题）以及国家自然科学基金项目、国家科技攻关项目（课题）、国家其他科技计划项目提供了数据支持。

农业科学数据共享中心（试点）项目是在"国家科学数据共享工程"总体框架下，立足于农业农村部门，应用现代信息技术，以满足国家和社会对农业科学数据共享服务需求为目的，以数据源单位为主体，以数据中心为依托，以农业科学数据共享标准规范为依据，按作物科学、动物科学和动物医学、农业资源与环境、草地与草业科学、食品工程与农业质量标准等12大类对农业科学数据进行整合，建设农业科学数据共享中心，为农业科技创新、农业科技管理决策提供数据信息资源支撑和保障。

六、大数据技术推进农业监测的实践成效

在这个日新月异发展的社会中，人们发现未知领域的规律主要依赖抽样数据、局部数据和片面数据，甚至无法获得真实数据时只能纯粹依赖经验、理论、假设和价值观去认识

---

① Laura Sebastian-Coleman：《穿越数据的迷宫 数据管理执行指南》，北京：机械工业出版社，2020年，第86页。

世界。因此，人们对世界的认识往往是表面的、肤浅的、简单的、扭曲的或者是无知的。然而大数据时代的来临使人类拥有更多的机会和条件在各个领域更深入地获得和使用全面数据、完整数据和系统数据，深入探索现实世界的规律并增加其预见性。从农业生产、经营、消费、市场、贸易等不同环节来看，大数据在精准生产决策、食品安全监管、精准消费营销、市场贸易引导等方面已经有了较为广泛的应用。[①]

近几十年来，我国农业监测预警经历了三个阶段，即以传统计数与统计为基础的起步阶段、以计算机辅助为特征的成长阶段、以信息感知与智能分析为特征的成熟阶段。2002年，农业农村部开始对农产品进行定时市场形势分析，按照月度、季度、年度定期提出分析报告。2011年，农业农村部建立了农业农村部市场预警专家委员会，为我国农产品市场调控政策的制定提供智力支撑。2015年，农业农村部开始启动覆盖全国各省直辖市、自治区的农产品全产业链信息分析预警工作，组建了一支由首席分析师、会商分析师、省级分析师和产业信息员组成的预警团队。[②]

（一）农产品溯源和农产品质量安全

食品安全一直是社会持续关注的焦点，而跟踪农产品从农田到顾客的过程不仅有利于防止疾病、加强对食品安全的监督管理，也有利于减少污染和增加收益。在美国，每年约有7600万人患上食源性疾病，导致5000例死亡。在发达国家，40%的食物被丢弃，包括10%到15%的农产品。随着农产品全球供应链的延长以及不良商家的投机倒把，追踪和监督农产品变得越来越重要。而利用农业大数据技术平台，可以实现从田间到餐桌每一个过程的追踪。

现在大数据正在被用来改善其中的各个环节。农业大数据有助于开展农产品监测预警，通过深入挖掘并有效整合散落在全国各农业产区的农产品生产和流通数据，进行专业分析解读，为农产品生产和流通提供高效优质的信息服务，以提高农业资源利用率和流通效率，从源头上保障食品安全。同时，农产品生产商、供应商和运输者也都通过使用物联网传感器技术、扫描设备和分析工具来监控收集供应链的相关数据。比如生产和运输过程当中的农产品的品质可以通过带有 GPS 功能的传感器进行实时监控，有助于预防食源性疾病和减少供应链浪费。

1. 农业链和食品供应链

在农业链中，通过将环境因素信息与病原体的生长和危害联系起来，大数据可以用来

---

① 韩义波：《云计算和大数据的应用》，成都：四川大学出版社，2019 年，第 13 页。

② 杨娟：《绿叶菜价格大数据研究》，上海：上海科学技术出版社，2019 年，第 85 页。

预测病原体或污染物的存在。例如，通过监测田间作物的情况，在黄曲霉毒素进入食物链之前就可以被鉴定出来。在另一项研究中，通过建立定量的模型来预测的霉菌毒素脱氧雪腐镰刀菌烯醇（DON）对欧洲西北部小麦的污染，采用了多种模型和数据库，包括气象数据。通过表征农田病原体的存在，结合环境和气象数据，李斯特氏菌的存在可以被预测。

在供应链中，对食品进行追踪是必不可少的。对"从农场到餐桌"即食品的生产加工、贮存、运输、销售等环节进行全程跟进，并在发生食品质量安全问题后进行追溯，大数据技术提供了有效的信息共享网络平台。基于信息管理系统（information managementsystem，IMS）可以实现对产品的全程追溯，通过采用国际物品编码协会（european articlenumber，EAN）以及美国统一编码协会（uniform code council，UCC）建立的 EAN.UCC 条形码系统可以对食品供应链全过程中的产品及其属性信息、参与方信息等进行有效标识，对各个环节进行跟踪把控，在出现质量安全问题时可及时准确追溯问题环节，减轻政府监管部门的监管工作。

GPS 和基于传感器的 RFID 射频识别技术（radio frequency identification，RFID）常用来搜集食物的位置或其他属性（例如，温度）的近实时数据。射频技术还可对食品生产链各个环节的情况进行信息编码存储，建立信息交互网络，各个企业或相关人员及消费者可通过电子标签在生产链数据库中查到相应产品的全部生产流程，从而实现全程可追溯。

美国的一家大型连锁餐厅（the cheesecake factory）搜集大量的运输温度、保质期、食品退回方面的数据，由 IBM 大数据分析系统进行分析。当出现问题时，受影响的食品可以迅速从所有餐厅召回。沃尔玛采用的 SPARK 系统，可以自动上传数据（如食物温度）到网络记录保存系统。一个月的时间内，卫生人员可以测量烤鸡内部的烹饪温度 10 次，私人调查员可测量 100 次，而 SPARK 系统能够测量 140 万次。用这种方式能够收集大量数据，并用以快速识别未煮熟的鸡肉。

2. 暴发和来源鉴定

在食品安全问题暴发期间收集和分析大量样本，就获得了大量用于确定暴发来源的数据和信息。病原体基因组（全基因组测序、下一代测序）快速筛选技术的发展的结果是一批特定的基因组信息和（历史）的致病菌或亚型的发生。例如，在 2011 年德国"肠出血性大肠杆菌病原体"暴发后，细菌存在的各个领域的信息都被收集起来。检查健康人群的住所进行了检查，查看是否有隐匿的病原体，并对家庭成员进行监测，以筛查继发感染。预计这种监测信息可能有助于在早期阶段及时发现问题并日及时预防，从而防止暴发。

（二）大数据监测消费者需求精准匹配

俗话说，"民以食为天"。这话一点都不假，凡是跟"吃"这个字挂钩的，都会引起人们极大的重视。而且现在的生活水平提高了，吃，就不光要吃饱，还讲究吃得好，吃得健康。在很多"吃货"们看来，"吃"是一种生活态度，是一种生活理念。但在更多的人，尤其是企业家的眼里，"吃"更是一种生活习性。个人习性其实并不是固定的，虽然稳定性很强，有的人的爱好一辈子都不会改变，但是还是有很多人因为某些事情发生口味的改变。[①]

大数据在这方面正在驱动商业模式产生新的创新。利用大数据分析，结合预售和直销等模式创新，国内电商企业开始不断尝试生产与消费的衔接和匹配，为农产品营销带来了新的机遇。截至 2016 年 8 月，全国涌现了 135 个淘宝镇，1311 个淘宝村，以淘宝村为代表的农村电子商务正在深刻改变着中国农村的面貌，变革着中国传统农产品营销的模式。连锁型的社区生鲜超市 M6 于 2005 年前开始了数据化管理，物品一经收银员扫描，总部的服务器马上就能知道哪个门店，哪些消费者买了什么。2012 年，M6 的服务器开始从互联网上采集天气数据，通过分析不同节气和温度下顾客的生鲜购买习惯会发生哪些变化，进而实现精准订货、存储和精准配货，真正实现产销对接的智能控制。未来随着信息技术的不断发展，还可以将食品数据与人体的健康数据营养数据连接起来，这样可以根据人体的健康状况选择相应的食物，达到吃得营养、吃得健康的目的。

（三）监测市场变化引导市场贸易

在我国，农业是国民经济的基础，而农产品是基础的基础。但作为维持国民经济"刚需"的农产品，其市场却一直存在诸多痛点并饱受诟病。从市场上出现一种销售额高、销量好的产品，到农民开始蜂拥种植，当第二年农产品收获时，这一类的产品可能不再具有优势了，而此时农户已来不及换品种，只好低价出售。

一直存在的盲目性和滞后性，让整个农业行业发展严重滞后，而又因为历史原因，农产品基本处于"有品类、无品牌"的状态，顶多也就是有产地品牌的概念。这也就导致了农产品流通一直处于靠价格竞争的恶性循环。农户们也无法摆脱农产品销售困境，提升盈利。

在当下这个新市场环境和消费需求变化的时代，农产品销售迫切需要找到更好的新模式。同时，不解决好农产品的流通效率问题和销售问题，很难实现农产品的价值增值，很难走出价格竞争的恶性循环。

农业数据预警是指对农业生产、市场运行、消费需求等进行数据分析，实时监控风险，及时应对突发情况，及时进行合理的安排，降低风险，同时还可以对未来走势预测、感知

---

① 文丹枫、朱海、朱德清：《IT 到 DT 大数据与精准营销》，沈阳：万卷出版公司，2015 年，第 10 页。

市场异常波动。因为自然因素和人为因素等影响，农业缺乏的是有效的风控体系和手段，而大数据可有效地改善这一点，通过对历年走势预测，有效地避免问题。例如，美国麻省理工学院的研究人员每天在网上抓取 50 多万条商品价格信息，测算每日网上价格走势，其中阅读数据滞后期只有 3 天，为美国通货膨胀走势提供了重要的支撑。

基于用户数据而获取的精准用户数据，让农户以个性化的精确运营，刺激了用户消费之际，也让农户轻松掌握了农产品的交易趋势和市场动态，进而积蓄到一批更有黏性的市场消费群体，并进一步增强了农户的抗风险能力。

第三节　云计算助力农业信息化发展

一、智慧农业云

智慧农业云计算的目的是结合部署在农作物产区内的智能传感器、图像采集器、远程控制器等物联网设备，实现对农业生产过程的标准化、自动化、精准化管理。在全面提升农业生产效率的同时，农业云还借助 RFID、条形码、二维码等身份识别技术，将农业生产环节、加工环节与流通环节无缝连接，真正实现农产品"从田间到餐桌"的全程溯源，在农村与城市之间架起一座桥梁，让人们的生活更加美好。

智慧农业云具有的功能和特点如下：

（一）农业物联网管控

农业物联网是通过各种仪器仪表实时显示或作为自动控制的参变量参与到自动控制中，保证农作物有一个良好的、适宜的生长环境。通过远程控制使技术人员在办公室就能对多个大棚的环境进行监测控制。采用无线网络来测量获得农作物生长的最佳条件，可以为温室精准调控提供科学依据，达到增产、改善品质，调节生长周期，提高经济效益、科学管理和即时服务的目的，进而实现集约、高产、高效、优质、生态和安全的目标。

（1）温室环境智能控制系统。通过物联网技术监控农业生产环境参数，如土壤湿度、土壤养分、pH 值、降水量、温度、空气湿度和气压、光照强度、CO_2 浓度等。

（2）物联网智能灌溉系统。采用高性能的数据采集与监控设备制定适时的灌溉及施肥策略，利用自动化的控制手段进行管理，实现灌溉的自动化管理。

（3）节能灌溉系统。农业节水灌溉工程是以最低限度的用水量来获取最大的产量或收益，最大限度地提高单位灌溉水量的农作物的产量和产值。

（4）节能一体化。通过操作触摸屏进行管控，自动控制灌溉量、吸肥量、肥液浓度及酸碱度等多数，实现对灌溉和施肥的定时、定量控制，加强全方位的水肥管理。

（5）生产可视化。通过在田间安装监测、遥感视频系统、无线视频服务器，可将视频信息传至控制中心。

（二）安全追溯

农产品追溯系统是应用标识技术，对农产品的生产、加工、流通和检测等环节实施全程监管的系统，可通过条形码或二维码等代码防伪溯源，能够提供产品从源头到末端的完整原始数据或视频信息，帮助企业实现标准化生产的透明、安全，全程可追溯。

（1）有机农产品的质量溯源。

（2）农产品追溯管理系统。

（3）数据检测多渠道信息查询。

（三）农事管理

依托云计算、物联网、移动互联网等新技术，致力于在农业领域推进传统产业信息化建设。为农场提供从农业设施资源规划、日常农事管理，农作物生长监控到"绿色履历"追溯的全程解决方案。通过各种传感器采集农作物种植生产过程中的环境信息，再通过物联网技术将环境信息实时传输到农事管理系统，并通过大数据分析技术，得出对当前环境状况的评价和建议，方便管理人员及时采取相应措施。

（1）种植管理。提供在线的种植标准、种植计划、农事记录服务，支持农事信息在线录入，所有撒药、施肥等农事信息都有记录可查。

（2）农职管理。农场生产资料采购、领取、使用，在线记录实时更新，让库存更透明，让生产更高效。

（3）销售管理。提供蔬菜预产出甘特图、订单管理、物流跟踪、现有库存预警等信息管理服务，让生产与销售更紧密、高效、透明。

（4）统计分析。统计分析提供生产数据、财务数据等方面的查询分析，为管理者提供决策的数据支持，比如，蔬菜种植产量、种植面积、可采产量、财务数据等方面的数据支撑。

（5）绿色溯源。通过扫描二维码，将生产过程中的各种关键数据直观地展示给消费者，提供质量安全溯源的工具，为生产的每一份农产品建立质量安全和流通过程档案。

（四）智慧农业云的特点

（1）精准化。利用无线传感网络、卫星定位、RFID 等物联网感知技术，精确获取农业生产情况、生态环境等海量数据，并借助自动化控制技术减少现场手工操作、节省劳动力和提高劳动生产率。

（2）标准化。依托农业科研机构，整合农业专家资源，推广业界最佳实践经验，指导农产品标准化生产，提高集约经营水平；降低传统生产过程的随意性与盲目性，提升农产品的品质与安全。

（3）便捷化。利用云计算技术，平台，统一采用软件即服务模式（SaS）运营，数据集中到公共云数据中心统一处理，生产现场无须部署任何电脑设备；同时结合按需付费模式，让农业工作者使用系统就像使用水电一样方便。

（4）易用化。利用移动互联网技术，提供电脑、手机、平板三屏合一的使用体验，生产第一线的农技管理人员可以完全摆脱电脑，只需要通过手机就可以完成全部操作，方便易用。

二、无人农场管控云平台系统

无人农场管控云平台系统是无人农场的大脑，是大数据与云计算技术，人工智能技术与智能化装备技术的集成系统。无人农场云平台通过大数据技术完成各种信息、数据、知识的处理、存储和分析，通过人工智能技术完成数据智能识别、学习、推理和决策，最终完成各种作业指令、命令的下达。此外，云平台系统还具备各种终端的可视化展示，用户管理和安全管理等基础功能。管控云平台系统是无人农场最重要的组成部分，是无人农场的神经中枢。本章将从云存储、云计算、云平台部署三方面重点阐述无人农场应用场景下云管控平台设计所涉及的关键技术及原理，以期对无人农场中"云"的可靠建设提供理论依据。

（一）无人农场需要云计算

为了能够完整地获取信息、处理信息并应用信息，无人农场提出了相关的技术需求。首先，针对无人农场的信息量，普通的数据仓库已经无法满足，那么海量的数据如何存储将是无人农场面临的一个问题；其次，无人机、农业机器人等无人农场中的智能机器实时传回来的数据如何快速处理，实现数据协同，并且当面临计算量非常大，普通的计算机已经无法满足的时候，如何保证大量的计算正常完成是无人农场面临的另一个问题。

无人农场将是基于云计算环境的一项系统工程。云计算的显著特点就是拥有无比强大的计算力和海量般的数据存储能力。除此之外，无人农场的服务器还可以通过"云计算"不断地扩展，无限延伸，并且随时随地地通过云计算向用户提供各种服务。如果将无人农场比作一个人来讲，那么云计算就是这个人的大脑，其重要性不言而喻。

1. 无人农场数据存储需要在云端

无人农场具有海量的信息资源，仅仅依靠在网端的数据库管理软件是远远无法满足其要求的，尤其是随着无人农场的逐步发展，其信息资源的数量是极其庞大的。这些庞大的信息资源的储存、迁移是无人农场的赖以生存的组成部分。云存储可以突破数据库的局限，可将以无人农场中文字、图片、语音、视频等多媒体库形态存在的海量数据进行 PB 级的采集、存储、处理和复杂分析，以方便无人农场信息资源的存储、加工和利用。同时，云存储具有数据安全可靠、服务不中断、易于扩容与管理等优点。采用云计算支持的网络存储，不仅可以降低存储成本，还可以利用云计算的计算能力对无人农场的各种数据（包括位置、土地权属、面积、土壤和土地特征等）进行信息管理。

2. 无人农场的大量计算需要在云端

无人农场中需要实地的处理大量的信息，如农户获取作物的实时的生长信息，如健康指数、植物计数和产量预测、株高测量、冠层覆盖制图、田间积水制图、侦查报告等，这些信息的计算量仅仅依靠普通的计算机是无法完成的。通过网络"云"可将巨大的数据计算处理程序分解成无数个小程序，然后，通过多部服务器组成的系统进行处理和分析这些小程序得到的结果并返回给用户。云计算的计算能力可以随着需要无限扩展，用时较短，服务内容丰富。

3. 无人农场的管理和决策需要在云端

随着农业物联网的发展，农业生产过程将连续产生大量复杂的信息，仅凭农户的技术水平是难以直接利用这些原始数据进行决策的，农业专家也只有在定量分析的基础上，才能做出准确的判断和决策，所以农业生产过程管理需要智能化的大规模计算系统支持。同时农业物联网入网个体数量巨大，以分钟为时间间隔产生动态性数据，要求进行实时性采集、分析和决策反馈。因此，云计算对农业物联网有着数据存储、分析、决策和指导的重要应用价值。以无人机为例，从无人机实时获取的数据中，我们可以得到关于无人农场作物各方面的信息，这就消除了持续手动监视的需要，而且云服务器还支持数据处理并应用控制操作，并为农场提供了成本效益和最优的解决方案，以最小的人工干预。

根据无人农场信息化的需求搭建和应用农业云计算基础服务平台，不但能够降低无人农场中信息化的建设成本，加快信息服务基础平台的建设速度，还能极大地提升无人农场中信息化的服务能力。根据无人农场的特点，在无人农场云计算的应用方面，应当建设农场网站业务服务平台和无线终端农场服务平台，以实现无人农场信息资源海量存储、农产品质量安全追溯管理、无人农场信息搜索引擎、农业决策综合数据分析、农业生产过程智能监测控制和无人农场综合信息服务等功能。

（二）无人农场的云存储

随着无人农场的快速发展，其数据量呈现了爆炸式增长态势，对于传统的存储方式来说，这将会造成数据存储成本高、存储可靠性低.大量数据管理困难等问题。无人农场中海量的数据信息是以 PB 级别计数的，已经突破传统数据仓库的限制。无人农场的数据是以图像、图形、视频，音频、文字、数字、符号等形式存在的，这些大量的异构数据导致传统的存储方式存储数据效率低，不容易对数据进行管理、共享以及进行二次开发。同时无人农场中也存在大量的垃圾和冗余数据，这对传统的存储方式也是一个困扰。

云存储能够很好地解决这些问题。云存储是在云计算概念上延伸和发展出来的一个新的概念，是一种新兴的网络存储技术，是指通过集群应用、网络技术或分布式文件系统等功能，将网络中大量各种不同类型的存储设备通过应用软件集合起来协同工作，共同对外提供数据存储和业务访问功能的系统。

云存储容量分配不受物理硬盘限制，理论上可以无限大，这将满足无人农场海量数据的需求。在无人农场中可以根据需要，分配合适的云存储容量。而且，云储存能够进行并行扩容，及时提供容量的扩展，打破了传统的扩展数量限制。随着容量增长，云储存可以线性地扩展性能和存取速度。除此之外，云存储的存储管理可以实现自动化和智能化，所有的存储资源被整合到一起，同时具备负载均衡、故障冗余功能，确保数据存储的高度适配性和自我修复能力，可以保存多年之久。

云储存还具有其他的优点。云存储允许更多元数据，并可为特定业务和系统功能提供对数据的自定义控制。而且，数据可根据策略触发器进行操作，并按规则扩展。这些规则可自动执行很多传统的手动密集型任务，例如，分层存储、安全、迁移、冗余和删除。云存储非常灵活，能够实现规模效应和弹性扩展，降低运营成本，避免资源浪费。存储设备升级不会导致服务中断，并且节省电力。数据同步，这确保无人农场中保存的数据和文件都在所有设备上自动更新，而且可以无中断数据迁移。

（三）无人农场的云计算

无人农场中的数据处理量是相当大的，如果在本地机器上进行解析，恐怕需要一台超级计算机，但是仅仅为了无人农场的建设，就需要一台超级计算机，这是不现实的。即使真的实现了，那么后期的维护成本，都会非常高。这和我们建设无人农场的初衷是相违背的。随着我国信息技术领城迅猛发展，各种信息技术都取得了前所未有的突破。云计算是我国近年来取得的重大成就之一，推动着我国其他各行各业的快速发展。因此，云计算不是简单地应用到无人农场中，而是无人农场的核心。换句话说，没有云计算，就不可能有无人农场的实现。

云计算听起来是一个特别高端的词，但其本质通俗易懂。云计算其实就是将处理数据的过程放在网络的远程端进行，从而减少本地服务器的压力。之所以将数据处理过程放在网络的远程端进行处理，这是因为手机、计算机等个人设备以及目前的服务器的数据处理性能，如 CPU、内存、硬盘和 GPU 等是非常有限的，即使用户购买十几万元甚至上百万元的高性能服务器，也未必能够满足无人农场的需求。除此之外，无人农场中的数据访问也是一个难题。个人访问无人农场往往使用的是普通宽带，当外部大量并发访问内部的服务器就会占据大量的带宽，从而导致内部服务器的性能急剧下降，甚至瘫痪。其次，个人和私人企业有时候需要一些平台的专业软件服务也非常困难，需要在本地服务器上安装。云计算可以很好地解决这些问题。只须通过远程访问云计算主机，让云主机来处理。通过云计算，用户在任意位置、任意时间可通过网络服务来实现需要的一切，甚至包括超级计算这样的任务，从而完成用户的各种业务要求。

根据上面的描述，可以将云计算理解为是一种按使用量付费的模型，用户可以随时随地、便捷地、按需地从可配置的计算资源共享池中获取所需的计算资源（网络、服务器、存储、应用程序等服务）。这些资源可以快速供给和释放，用户只须投入较少的管理工作。要想实现云计算，除了在前面所提到的分布式储存技术和虚拟储存技术外，还需要并行编程模式和大规模数据管理技术。

第四章 互联网环境下的农产品电子商务发展

近几年，随着互联网科技的迅猛发展，农业生产发展现代化程度不断加深，信息化水平不断提高，农业领域取得了突破性进展，而农批市场作为农业产业链中一个重要环节，也在紧跟时代发展步伐探索转型升级之道，尤其是随着近两年农业电商的兴起，越来越多的农批市场开始尝试拥抱电商，以求早日实现自身的信息化和品牌化。但由于大多数的农业电商平台缺乏经验和能力，虽然抢滩农批市场时口号震天，却并没有能够为农批市场带来实质性的改变。

当然，在这些电商洪流中，也有那么一些我们所熟知的平台，通过不断发展，实现了自身提升，日益趋向于专业，真正能够为农批市场分忧解难。这类平台既有山东寿光、北京新发地这些老平台，又有近两年来如黑马之势脱颖而出的谷登电商平台。前者通过长时间发展，积累了一定客户群体，后者仅用了半年时间，便得到了多家农批大市场的青睐。在短短半年内，平台实现了十多家市场的相继入驻，迅速成为行业焦点。不仅仅是平台本身，农批市场在这个过程中也得到了更多的关注，借助平台的资源优势，实现内部管理规范化，农产品流通高效化，使自身得到提升与发展。

第一节 农产品电子商务概述

一、农产品电子商务内涵

电子商务是近 20 年来从应用兴起的一门新兴学科，虽然理论研究滞后于实践，但也逐步形成了一套完整的理论体系和逻辑，包含丰富的理论内容和实践经验。各种学术团体、社会组织、大型企业、政府机构等根据自己的需要和理解，从不同角度给出一系列定义，但迄今为止并没有一个能被大多数学者认同的权威性的定义，即便如此，我们仍可从不同视角来理解电子商务的本质。电子商务（Electronic Commerce，EC）包含两个方面的内容：一是电子方式，二是商贸活动。前者是手段，后者是本质。一般来说是指利用电子信息网络等电子化手段进行的商务活动，即商务活动的电子化、网络化。电子业务（Electronic Business，EB，也称电子商务）还包括政府机构、企事业单位各种内部业务的电子化，以及各单位、各部门之间的业务网际交流。[①]中国的王可重视过程视角，定义电子商务为"在计算机与通信网络基础上，利用电子工具实现商业交换和行政作业的全过程"。王可借用"零库存"生产原理，指出了在信息化大背景条件下，电子商务管理的基本原则是要把恰当的商务信息在客户恰当需要的时刻点送到恰当的地点，从而减少时间资源的浪费，这是信息化时代背景下各类企业生存和稳定发展务必遵循的"天条"原则，是新时代的电子商务生意经。

联合国统计局对电子商务的定义为：选择通过互联网或其他电子方式进行的将货物或服务的所有权转让的业务处理方式。所有权的转让包括三个步骤：下订单、支付货币、递送货物或给予服务。包括以上第一步，或者前两步，或者所有三个步骤，但凡由互联网或其他电子手段完成的，均可理解为电子商务。在《中华人民共和国农产品质量安全法》中，农产品被界定为"来源于农业的初级产品，包括动植物、微生物及其产品"。

基于农产品电子商务实践的考量，本书认为，农产品是指种植业、养殖业、水产业、林业、牧业等生产的各类动植物的初级产品及作为原料的加工制成品和半成品。具体而言，包括生鲜类农产品（蔬菜、水果、蜂蜜、肉、蛋、禽、水产等）、粮油干货农产品（坚果、干果、粮油、调料、药材等）和农产品加工食品（休闲食品、冲饮咖啡红豆粉等）三大类。基于对电子商务的理解，本书定义农产品电子商务为：在商务经济、信息通信技术与社会管理均高度发达的社会背景下，由掌握信息通信技术和商务交易规则的人，充分地运用以互联网（移动互联网）为主的各类电子工具，低成本、高效率、快周转、短周期地从事以涉农产品交易为中心的各类商务活动的总和，可以狭义地理解为"使用互联网（移动互联网）从事涉农产品交易的商务活动的全过程"。

作为实施电子商务手段的电子工具，从广义上来讲，包括早期就有的初级的广播、电报、电视、电话、传真、手机短信，后来发展到高级的计算机、计算机网络，再发展到今天国内的 NII（国家信息基础设施，简称"国家信息高速公路"），GII（全球信息基础设施），互联网以及主要依靠智能手机的移动互联网等现代通信与交易系统，狭义上仅指互联网

---

① 李琪、彭丽芳、王丽芳：《电子商务概论》，北京：清华大学出版社，2017年，第13页。

及移动互联网。作为电子商务本质的商务活动是指各类泛商品的需求在合理合法消费过程中去除掉典型的生产环节后的全部活动，这里的泛商品包括实物的、非实物的、服务、数字化商品及各类商品化生产构成要素等。本定义采用系统的观点，突出了人在交易系统中的核心地位，将人与环境、人与劳动对象、人与工具紧密结合起来，用电子商务系统的构成要素和实现目标进行界定，突出了电子商务的前提（高度发达）、标准（交易规则）、重点（电子工具）、目的（高低短快）和中心（产品交易），指明发展电子商务应达到的水平和收到的效果，体现了时代特色及要求。

二、农产品电子商务特征

农产品电子商务涉及农产品（交易对象）.交易主体、农产品交易平台、物流等要素。农产品电子商务属于电子商务的范畴，既具备农产品特点，又兼有电子商务发展的特点。农产品电子商务具有鲜、活、不耐储藏、不耐运输的特征：

（一）鲜

指的是新鲜。农产品价值随着时间推移而下降，因此，农产品对冷链物流提出高要求、高标准，电子商务高效率的特点能够有效保证农产品的新鲜度。

（二）活

指的是生鲜。作为活体的农产品是自然物，没有统一的质量标准，要求经营者自觉、自律保证对农产品质量和安全的控制。

（三）不耐储藏

鲜活农产品上市期集中，上市量大，如果不能及时销售，很快会腐烂变质，不宜食用。农产品的储藏成本随着时间而增加，损坏率激增。电子商务能够有效收集消费者的信息，及时将农产品销售出去，无库存压力。

（四）不耐运输

鲜活农产品适合就近销售，不适合长途运输。高温、密闭不透气的环境.颠簸均可能导致鲜活农产品损耗增加。

正是上述的四个特点体现了农产品电子商务的独特之处，农产品多放几个月再销售就会影响质量。强调农产品电子商务，并不是认为其与电子商务有什么本质区别，而是因为农产品不能够实现完全标准化生产，农产品电子商务的发展面临更多的阻碍。[①]

三、农产品电子商务作用

（一）有利于落后地区的粗放经济更为集约化

电子商务以新生产力为基础，可从生产方式上高度解决从粗放到集约转变的问题。通过网络构建的各种商务平台所开展的电子商务把人与人、企业和企业、人和企业之间紧紧地联系起来，而这些平台本身通过相关的信息也得到丰富和加强。随着时间的推移，便会使企业大规模的集中在这个平台，这是由两个因素导致的：一是利润的动力驱使许多客户关系型行业在互联网上出现，二是上升的利润往往会产生集约化程度很高的企业。

（二）有利于农产品信息交流，提高农产品产业链效率

"互联网 + 农业"的发展模式，使得互联网技术应用到农业产业当中来，销售的每一个环节，农户、经销商或者农业企业与消费者都可以通过网络了解农产品在每一个环节的信息。在采购环节，方便农户与企业对接；在销售环节，方便消费者与企业对话，提高农业现代化程度与信息化程度，提高整个产业链的流通效率和内在价值。

（三）有利于农产品交易成本与购买成本的降低

在今天电子商务主流交易模式下，农产品价值链的所有环节都可以进行数据化统计，所有农产品数据，包括市场价格、仓库储存量、消费者需求量，通过鼠标轻轻一点便可以找到，极大地提高了工作效率，也降低了交易费用，节约了成本。网络交易平台可以对多个分销点或者区域进行统一管理，使得交易支付迅速完成，缩短了资金周转周期。电子化的交易，节约了操作时间，最大限度地减少了人工成本，且不受时空的限制，提高了业务处理的灵活性，为企业和客户均带来了更多的便利。

（四）有利于传统农产品突破生产的时空限制的需要

农产品的产销过程环节多、复杂且透明度不高，其交易市场集中度较低，买卖主体众多，交易信息的对称性较差。而电子商务跨越时空限制的特性，使得交易活动可以在任何时间、任何地点进行，非常适合这些分散的买卖主体从网络上获取信息并进行交易。尤其对我国交通不畅、信息闭塞的西部落后地区意义更为重大。我国农产品的落后，一个重要原因是地域辽阔，地形地质条件又不利于交通，因而消息闭塞，信息不灵，这就造成了产

---

① 卢金钟：《雅玲》，电子商务概论》，北京：清华大学出版社，2017 年，第 21 页。

销脱节及资源产品无法输出，而商品只有卖出去才能得到社会承认，其价值才能得到实现。在农产品生产中导入电子商务，可以充分发挥其所具有的开放性和全球性的特点，打破传统生产活动的地域局限，使农产品生产成为一种全球性活动，每一个网民都可以成为目标顾客，不仅扩大农产品市场空间，解决生产中出现的增产不增收问题，还能为农民创造更多的贸易机会。

（五）有利于创新交易方式，规避农产品价格波动风险的需要

众所周知，农产品是一种供给弹性较大而需求弹性较小的商品，并且农产品都需要一定的生产周期，一旦确定了本期农产品的生产规模，在生产过程完成之前一般不能中途改变。因此，市价的变动只能影响到下一个生产周期的产量，而本期的产量只会决定本期的价格，这就是经济学中蛛网理论描述的状态。根据这一理论，当商品供给弹性大于需求弹性时，产品价格会处于一种越来越不稳定的状态，价格和产量的波动会越来越大。农产品生产的稳定直接关系到社会的稳定，为了保持这种稳定，除了采取必要的政策措施以外，应该开展农产品电子商务，让农产品的生产者能够以一种新的途径及时地了解生产信息，根据市场合理地组织生产，避免产量和价格的巨大波动带来的不稳定。

另外，我国作为蔗糖、水果等一批农副产品的主产区，在加入世贸组织后，面临着严峻的挑战。我国借助于农产品电子商务的广泛开展，有助于农户使用更高级的手段来减小国际市场的冲击，从而更好地对抗农产品价格波动的风险，例如，运用农产品的期货交易。国外一些发达国家，如美国、日本的农场主都参与期货市场的交易，通过期货市场的套期保值和价格发现两大功能保护其利益，其中，套期保值可用来规避农产品价格波动的风险，并从期货市场中获得具有权威性和预期性的农产品期货价格信息，这将对农产品产销影响巨大。但从目前情况看，由于我国人多地少的现状，农民尚未具备直接进行相关的期货或远期合同交易的条件。但是在今后市场风险加大的背景下，面对激烈的国际市场竞争，他们对规避农产品价格风险的需求是真实的，如果建立起相关农产品集中的网.上交易市场，则可以及时发布汇集相关产品价格信息，从而给农产品的产销决策提供参考；若能以网络电子交易为纽带，把分散的套期保值需求集中起来入市操作，也不失为规避农产品价格波动的风险、稳定产销的一个好办法。

（六）有利于实现消费者个性化定制要求

随着电子商务的深入发展，广大消费者通过互联网直接与农产品企业甚至与农户发生联系。直接的沟通使得农业企业可以快速得到消费者需求的反馈，加强了农产品信息回流

效率，促进了企业与消费者之间的交流，这对于提高农产品质量是非常有意义的，也使得企业或者农户可以根据客户的需求改进营销策略，以提高顾客的满意度，顾客的满意度又反过来促进企业的良性发展。

（七）有利于解决"三农"问题

农业是国家发展的根本，解决"三农"问题是国家发展的基础。我国是农产品的生产、流通、消费大国，随着科技、信息、技术的发展，传统的农产品营销模式正在发生着巨大的变化，农产品电商模式正在成为拓展销售渠道的重要方式。我国近几年来不断完善农产品电子商务营销的相关政策法规，国内涉农的电子商务企业数量有近 3.1 万家，呈现蓬勃发展的态势。互联网提供的信息帮助农户根据市场需求调整种植方向，给农户带来了可观的经济效益，对解决我国"三农"问题起着非常重要的促进作用。

四、农产品电子商务存在的问题及对策

（一）农产品电子商务存在的问题

结合中国农产品市场流通体系现状分析，可以发现尽管中国的农副产品市场平稳发展，但仍然存在一些问题。例如，重复投资、盲目建设依然存在，主要原因是市场的发展缺乏统筹规划；市场体系在管理上还缺乏相应的细节规划，基本属于粗放式管理，市场的基础设施建设还比较简陋，没有统一规划。另外，市场主体规模较小，管理组织制度不规范服务质量还需要进一步完善，商品的流通效率普遍较低等。

进一步发展农产品市场，对农民而言可以提高农产品流通，增加经济收入，搞活农村市场；对城市居民而言，则可以改善"菜篮子"质量。可见，当部分农产品进入"买方市场"时，农产品市场体系更加受到人们的关注，各级政府已极大重视农产品市场和流通，这对促进中国经济的持续稳定发展具有重要的现实意义。

现在，农产品电子商务的发展存在下列几个主要问题：

1. 成本偏高

常温物流或自然物流是中国农产品物流的主要形式，其在流通过程中损失较大。如蔬菜水果等农副产品在物流环节上的损失率约为 25%~30%，相比之下，美国等发达国家的损失率则低于 5%，甚至达到 1%~2%。那么，究竟是什么原因导致中国农产品流通成本如此之高呢？农产品物流中的主体过多是原因之一。物流主体主要包括提供物流服务的组织，农产品生产加工及销售的企业和个人等。如前所述，中国的农产品流通体系由 9 亿农民及

95万经营大户组成，所有成员均属于流通领域的主体，如此庞大的主体必然会导致交易成本增大。此外，流通环节过多、产销链过长也是造成成本偏高的原因。基本的流通环节有生产者、产地市场运销批发商、销售地市场零售商以及消费者，如此长的产销链也会增加流通成本。

由于中国地域辽阔、地形复杂、地区间差异较大等原因，导致中国的立体交互式运输网络尚未形成，导致运输成本增高。

中国农产品的储藏、加工和保鲜技术还需要提高，落后的技术使得农产品在流通中耗损严重，绝大多数农产品以原始产品的形式销售，也是造成较高流通损耗成本的原因。

2. 农产品供应信息网络尚未形成，信息化程度偏低

在中国，经统一规划和设计的农产品市场信息系统还未形成，农产品的整个供应链信息化程度不高，造成供应链节点信息共享困难。原因归纳如下：

（1）信息不对称在整个农产品供应链中普遍存在

生产出的农产品要到达最终消费者的手中，一般要经过四五个环节，信息传递渠道过长、节点过多，不可避免会产生信息失真扭曲等情况。这种信息不对称性主要体现在：农产品生产者只片面掌握产品的质量及生产过程中存在的问题等信息，而对市场需求量和价格等知之甚少。相反，农产品渠道商则对市场需求量和价格等信息能及时准确地把握，但出于利益关系，会使其对农产品生产方隐藏该信息，从而导致农产品的最终消费者的购买价格与农产品生产者的销售价格存在较大偏差，使价格不能成为供需状况的风向标。

（2）物流成员不集中，统一信息网络缺乏

在中国，从事农产品物流的有几百万企业和个人，但他们往往各自进行物流运作，忽视信息交流和共享平台建设。优势没有组合最大化，信息被区域化、板块化。

作为农产品生产者的农民，信息更为贫瘠。在中国农村，由于农业信息缺乏，网络建设不完善，农民对农产品流通信息不能及时掌握，不能根据市场需求及时调整生产种类和数量，从而使农产品生产盲目性较大，经常出现供给短缺种过剩交替出现的现象。

3. 结合现有交易的实际情况发现诸多问题

农产品质量标准、信息分类标准体系还没有完善，市场机制、运作模式发育尚不成熟，运营操作方式、市场秩序有待进一步规范。

农村电子商务服务体系的建设没有既定的模式可言，针对中国城乡、东部和西部地域的国情需要探索不同的渠道、方式和机制。

配套的物流、网络认证、支付、信用体系没有完善，缺乏法律监督和制约。

基本的信息设施如电脑、网络及相关技术在广大农村地区的建设和应用相当薄弱，以农村青年为骨干劳动力的人员信息化能力普遍不高。

一些部门对农产品信息化发展的认识存在一定的不足，农村基层对此的推动力度有所欠缺，政府应用税收机制调动相关企业积极性的措施和力度还需要加大。

结合中国现有国情和现有农产品的实际条件，我们提出不可能很快或者在较短时间内把上面提出的问题都彻底解决，但我们应该明白：我们也不可能坐等出现的所有问题都彻底解决了再来发展农产品电子商务。因为发展农产品电子商务对发展和活跃农业经济具有显著作用，因此，上述问题是应当解决的。符合实际的解决途径应该是：具备条件的地方优先发展，在发展电子商务的过程中，积极促成这些问题的逐个解决。

（二）农产品电子商务的改进对策

1. 深入原产地做特色

将农产品电商做出特色的关键是扎根到产业链的最深处，挖掘核心价值，先做足一端。以中国地理标志产品商城为例，他们都是深入到原产地，探索地理标志产品的特殊品质和文化内涵，并宣传地理标志产品的当地人文状况、地理环境等，从而将这些土特产品通过互联网从原产地带到消费者面前，供其选择。农产品电商在选择商品时应该注意以下几点：

第一，一定要把好产品品质关，因为今天的消费者越来越注重健康，人们在购物时已经不再纯粹地图便宜，反而更在乎产品本身，更愿意选择高品质、安全可靠的农产品。这是一种消费观念的转变。如果网站的商品品质出现了问题，那意味着连竞争的资格都失去了。

第二，要关注产品的持续供应能力。农产品不同于其他商品，季节性很强，桃子、乌梅、杨梅等都有自身的成熟期，过了成熟期，想买也没有。因此，做农产品电商就得解决农产品的连续供应问题。

第三，电商选择做农产品，还需要将农产品从原产地运输出来，如果原产地的仓储物流能力跟不上，产品再怎么好，也是枉然，因为运不出来。

第四，选择农产品时，要基于你所服务的目标人群的需求去反向选择产品，如果产品不符合网站的定位，不符合网站目标人群的需求，最好不要选择。

2. 靠资本实力说话

农产品电商做到最后，取胜的关键是谁能拿下全产业链，运营涉及从原产地一直到终端的每个环节，而不仅仅是产品的运营。

从长远来看，将整条农产品产业链做到精细化才是农产品电商发展的关键。对自营和自产自销模式而言，优点是可以控制产品品质，缺点是很难做到超大规模，需要强有力的资本实力和配套能力作为后盾，并且需要投入大量的时间和金钱去组建强大的运营团队积累用户、扩展产品线、建设仓储物流体系完善 IT 系统能力等。

3. 两端都要抓

农产品电商要实现营利，供应链和用户这两端一个都不能少。做农产品电商，一种是准备好产品线，强推给消费者，另一种是反向销售。前者风险大，后者风险小。为此，通过目标用户的基本需求定向营销，并且在线下开展互动营销活动让用户参与进来，会更有效果。农产品电商今后长期扮演的角色是让供应链和用户这两端的距离越来越近，起到桥梁的作用。

4. 让农民上网，促进农产品产业升级

虽然通信网络已铺设到市、县、乡镇，但由于资金和环境的限制只有少数农民购买电脑，电子商务的物质基础还很薄弱，致使农民信息闭塞，错过不少商机。同时由于农村缺少具有现代农产品知识、商务知识和网络技术的专业人才，部分农户对电子商务观念滞后，商务意识淡薄，对网络本身的认识接受和应用能力还普遍不高，对利用网络从事商业活动的概念还不是非常清楚，对电子商务没有足够的信心，虽然想在网络上销售农产品，但是担心产品卖出去收不到货款。在这种情况下，电子商务只起到了信息传播的作用，其主要功能却没有发挥出来。部分涉农企业对应用电子商务带来的巨大商机缺乏前瞻性的估计，加之电子商务建设投资大、周期长、维护难，导致其对电子商务带来的巨大商机和利益持怀疑态度，这种观念严重影响了农村电子商务的发展。

5. 各级政府加大对农产品电子商务工作的引导和推广

一是充分利用网络、广播、电视、电话、移动通信工具等多种信息传递手段，以村级组织为基础，利用现有的信息基础设施资源，建立传统媒体与现代信息网络优势互补的信息服务网络，提高信息体系建设的规模和水平，加强对农民的信息服务。

二是加强网站建设和维护工作，组织建立健全大型的综合性农村信息化网站及乡镇一级的电子商务网站，建立行业的或综合性的农产品专业网站，积极扶持和鼓励农业生产企业加快信息化建设，推进信息服务网络向县乡以及产业化龙头企业、农产品批发市场、中介组织及农户延伸，积极引导农民和涉农企业进入市场，多层次、多渠道地参与电子商务。运用宏观调控、税收等手段鼓励涉农企业更多运用电子商务；通过降低上网费用，刺激农户网上消费；通过资金或优惠政策支持研发活动，提高电子商务技术水平。

三是开发和整合信息资源，建立跨部门、跨行业、跨地区的信息管理和协作机制，开辟稳定的信息交流通道，实现涉农数据的兼容和共享；加快构建农产品市场预警和监管系

统，规范市场行为，提高信息服务的质量和水平。

6. 采取各种措施培养新时代农民和农业信息管理与服务人才

政府应当加强电子商务有关知识的宣传与培训，提高电子商务在农户中的可信度。通过举办形式多样、生动活泼、图文并茂的电子商务科技宣传和培训，传播电子商务的应用方法和注意事项，增强农户对电子商务的了解和认识。同时政府应当制订详细的规划，采取具体措施，有步骤、分阶段提高农民的文化知识水平和农业技术水平。对农民进行信息技术和电子商务培训，教会农民使用和掌握检索网络信息和网上交易的方法、技术及防范风险的方法，提高农民的信息素质和技术水平，改善农产品电子商务应用的社会基础。加强对农产品电子商务人才的培养，加快农民经纪人队伍建设。强化各级农业信息管理和服务人员的培训，提高他们组织开展农业信息体系建设的能力和自身的服务水平。同时，政府部门应积极扶持组建各类农产品经纪人协会，使大批农民经纪人变成有组织的队伍，提高农民的信任程度，推进农产品电子商务的发展。

7. 加强农产品物流体系建设

鲜活农产品的保鲜存活时间，决定了农产品的流通半径有一定限度。发展农产品电子商务，配送是关键。一是要尽快建立范围更大的农产品绿色通道，减免相关费用；二是要扶持一批农产品流通企业，特别要在区域外建立绿色食品专营销售市场企业，在政策和资金上要重点倾斜和扶持；三是要积极培育农产品流通合作组织，提倡成立农民销售合作社，使其成为农民进入市场的主要方式；四是要认真研究农产品的包装技术，提高农产品的包装质量，尤其是要提高农产品的保鲜程度。

第二节　农产品电子商务的模式选择

一、农产品电子商务模式分析

1. 根据农产品电子交易平台的建设运营主体划分

农产品电子商务模式可以分为政府商务信息模式、农业企业自营平台模式、第三方交易平台模式。

（1）政府商务信息模式是指由政府部门主导建设，通过在网站上发布农产品产品信息、市场信息、价格及交易信息等，促进农产品交易，如由黑龙江省农业委员会主办的黑龙江农业信息网（www.hljagri.gov.cn）。该模式大部分均可提供免费信息，初步实现了农产品供求信息的对接，适合简单的农产品信息发布和宣传，通常不具有实时交易功能。

（2）农业企业自营平台是由农业生产、加工和销售类企业自行建设的交易平台，包含网站和微信商城等形态。它拥有便利性和直观性的优点，为农产品加工企业增加了一种便利的展销平台。平台货源可以是向厂商、供应商采购获得，也可以是自己生产，顾客可以直接在自营平台上下单选购。典型的如中粮集团下属的我买网（www.womai.com）、中国供销集团有限公司旗下的供销E家网、东异集团旗下专业的水果采购平台翠鲜缘（www.cuixianyuan.com），以及光明乳业开发的微商城。农业企业自营平台的优点在于可以缩减供应链环节，降低双方交易成本；其缺点在于，首先是对企业实力和影响力有较高的要求，其次是平台开发、运营和维护需要较高的成本。

（3）第三方交易平台是指农产品的生产和消费双方的交易活动通过第三方提供的平台展开，由第三方交易平台提供完善的交易流程服务并收取费用。这是目前最普遍也是广大消费者最熟悉的交易类型。由于巨型平台带来的影响力和流量优势，所以给许多农产品生产者提供了展示的机会。

这种交易模式一方面减少了企业自建平台的成本，另一方面可以通过改进营销手段扩大产品和企业的影响力。典型的第三方交易平台如京东网和淘宝网。

2. 按照交易双方的主体类型划分

（1）农产品B2B交易平台模式

商家（泛指农产品生产、加工、销售企业）对商家的电子商务，即企业间通过平台进行产品交易。

根据交易产品的类别，B2B交易平台又可以分为：①综合平台，如中国农产品信息网（www.nongnet.com）、中农网等。这类平台综合资源丰富，覆盖面广，流量和影响力强，但竞争激烈，打造出特色有一定的难度。②垂直平台，如专注于活体生猪B2B交易的国家生猪市场平台（www.gjszse.com），专攻中小餐厅生鲜食材采购的美菜网，金银花B2B交易平台"易农通"，以及专门做糖类B2B交易的广西糖网（现改名为沐田科技，www.mswee.com.cn，在糖业领域拥有广泛的影响力）。此类平台的优点在于内容专业化，服务集中化，用户精准化；其劣势在于渠道单一，资源分散，规模不大，运营成本高。

按照交易模式B2B交易平台可以分为三类：①在线交易模式，目前相对较多的是现货农产品交易市场，国内较大的农产品在线批发、采购综合交易（B2B）平台有慧聪网、中农网、绿谷网等。②有价信息服务模式，典型如"一亩田"（www.ym1360.com），它是专门做农产品线上交易撮合的代表性企业。③期货市场交易模式，即利用网络工具进行农产品交易。大连明货市场的有期权交易品种豆柏和郑州期货市场的白糖，均在网上进行撮合交易。此外，农业大数据公司布瑞克也开发建设了农产品期货交易平台农产品期货网（www.ncpqh.com）。

（2）B2C交易平台模式

①自营平台，指厂家通过自营的电子商务平台直接向消费者提供生产的产品的模式。这种平台适合于实力雄厚、具有一定的配送体系支撑和品牌积累的大规模生产加工商，如中粮集团、首农集团。

②综合类第三方平台。典型平台如淘宝、京东、天猫、顺丰等大型综合类电商平台。其优势在于产品种类齐全，来源广泛，满足了消费者多样性的选购需求；标准化的配送和售后服务减少了经营者自身的劳动力数量：网站自身良好的信誉保障为交易成功提供了背书。其劣势是同类产品竞争激烈，品牌的崛起需要较高的流量支持，用户在平台,上营销和推广的成本越来越高。

③垂直类第三方平台。平台交易商品是特定的细分市场的产品，适合销售毛利润较高的产品、具有价格优势的行业。比较典型的平台是生鲜类平台，如本来生活网、每日优鲜、顺丰优选等。垂直类平台通过自有渠道、专业的产品和服务、价格更加优惠的商品赢得顾客。垂直类平台的优点在于产品的标准化和服务规范化，缺点在于推广成本和物流配送成本较高。

（3）C2C电子商务模式

这是一种个人之间的农产品交易模式。淘宝网众多的农产品个人卖家就是这种模式的典型代表。许多农户都在从事电子商务中获得了较高的经济利益，提高了农业效益。从更大范围来讲，C2C农产品电子商务依托于互联网经济的新模式、新业态，正在深层次改变着中国农村的面貌，成为盘活农村经济、增加农民收入、促进乡村振兴的重要力量。

（4）C2B/C2F模式

这是一种个人对厂家的模式，主要是指订单农业模式，通过家庭宅配的方式把成熟的农产品及加工产品配送给消费者（通常是会员）。订单农业避免了盲目生产，真正做到了按需生产，也保障了消费者安全消费、放心消费。代表性企业如多利农庄等。这种模式通过预付款的方式，可以直接解决生产资金问题，同时也在一定程度上保证了农户稳定的收益，消除其生产过程的后顾之忧，调动了农民的生产积极性。但是，该类模式还处于起步阶段，交易双方主要基于一种信赖关系，产品缺乏权威的检验检疫程序，食品安全方面存在隐忧。

二、农产品电子商务的创新模式

相比于发达国家的大规模、产业化农业生产，我国的农业是以分散经营、家庭作业为主的、传统的电子商务选择 B2B 和 B2C 模式作为主要的运作方式。但是农产品电子商务主体为分散的没有组织的农户，而农业企业非常少.所以农产品的电子商务模式需要创新和改进来适应农村发展。

（一）P2B2C 模式

在 P2B2C 模式中，P 为个体农户，B 为企业，C 为消费者。在 P2B2C 模式下，企业可在一些农村特色区域建设驿站，成立信息员队伍，及时并准确地采集当地农产品信息，将其在企业网站中进行发布。同时，企业还可为农户提供一些增值服务，如用移动终端完成农户各种缴费业务。另外，不仅可以向消费者推介特色农产品，还可推介相关的农家乐旅游项目。在生产环节，农户可根据企业所了解的市场需求组织农户统一进行生产。整个交易过程的支付和物流都可由企业进行集成。P2B2C 模式的交易运作流程如图 4-1 所示。

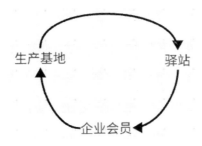

图 4-1　P2B2C 模式

具有农村特色的农产品由于生产规模小、名优品稀缺，导致进超市的门槛较高。另外，由于农产品中生鲜品的物流及标准化问题，造成在网店中难以销售的困境，所以借助 P2B2C 模式可使目前特色农产品的小规模生产得到更好的发展。在生产环节，可根据企业所了解的市场需求组织农户统一进行生产。例如，在国内.北京爱农驿站科技服务有限公司成立的爱农公社就是采用 P2B2C 模式运作的。公司针对有机农产品提出特供服务品牌，它是针对特别注重食品安全与健康的高端人群专门提供的会员制服务，将京郊出产的安全健康的有机蔬菜、鸡蛋、水果、杂粮、蜂蜜和其他科技含量高、营养价值高的农副产品直接送到爱农公社会员家中。爱农驿站自建站几年以来，累计采集或更新各种涉农信息近10 万条。这些丰富、翔实的一手信息蕴藏着巨大的商机，企业网站通过搭建的农产品配送渠道和京郊游信息服务平台，使得这些信息真正转化为价值，促进了当地农民的增收。

（二）垂直型 B2B 模式

垂直型 B2B 模式是在传统的 B2B 模式上，形成的细分程度高、行业聚焦、产业链比较聚集的 B2B 形态。农产品垂直型 B2B 交易平台的模式如图 4-2 所示。

我国的农业生产企业或专门从事农产品销售的企业，由于自身有较强的规模优势和品牌实力，通过垂直型农产品 B2B 平台可以完成信息的查询、网上的采购和销售，也可采用其他模式完成交易，如采用招标、拍卖、现货和中远期交易等方式。这种农产品电子商务中心。包括交易中心、结算中心、定价中心、信息中心、资源配置中心。例如，上海大宗农产品市场的电子商务平台开展的百县百品工程，是这种模式下的典型案例。其按照国家农产品经济区域规划。依据农业农村部确定的地理保护标志突出特色农产品。推动全国数百种特色农产品集中入市交易。借助上海大宗农产品市场在全国的数千个网点，连接了全国数十万交易商（农产品超市、农产品批发市场、农产品加工企业、农产品内外贸易企业）开展交易，较好地促进了各地的特色农产品交易，成果显著。

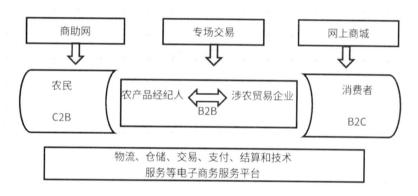

图 4-2　垂直型 B2B 模式

（三）P2G2B 模式

P2G2B 模式中，P 为个体农户，G 为当地政府，B 为企业。P2G2B 模式可以结合农民实际需求，由各级政府部门建立一批针对农副产品种植和养殖、产品销售和供求信息、人才培训和外出务工、网上农产品交易会等内容的涉农网站，这体现了政府对农产品电子商务平台广泛而有力的引导和支持，通过建立的这些平台，可充分发挥政府的推动作用。政府在大力发展农业信息基础设施建设的基础上，利用互联网、移动通信、广播等多种通信手段，建立起覆盖郊区、县、乡镇、村的农产品信息网络，建立各级信息咨询服务机构，引导和培训农民使用各类信息设施，掌握电子商务的各项职能；同时，理顺各方关系，提供有效的政策支持，通过政府搭建的电子商务平台使得企业与农民之间顺利开展并实施农产品在线交易，从而更有效地配置资源，有利于农产品整个产业链的发展。

（四）　P2G2B2C 模式

在 P2G2B2C 模式中，P 是农户，G 是政府，B 是企业，C 是消费者。P2G2B2C 模式根据市场需求，由政府组织农户进行生鲜农产品生产和初加工，然后再交付给电子商务企业，电子商务企业再对产品进行包装，最后通过互联网平台销售到消费者手里。政府可以组织农户进行生产，甚至修建家庭农场，将农户所生产的农副产品统一送到指定的地方由企业进行收购，或者由企业到农户或者合作社处收购，然后再运输到加工厂对这些农副产品进行初加工，初加工完成后再进行包装，最后送到仓库。

企业在一些城市中建立配送点或者体验店，主要集中建在高档社区周边，每 3 000 米范围内需要设立一个店，这样才能保证及时地将产品送到消费者手里。

消费者可以通过手机或者电脑直接采购，特别是通过企业微网站、手机 App、京东、天猫进行下单，然后再由专人进行配送。

除此之外，消费者也可以直接到直营店选购相关商品，如果店内没有相关商品，消费者可以通过扫描二维码来进行预订。

当产品送到消费者手里后，消费者可以通过手机扫描二维码来获取该产品的生产基地和运输的整个过程的信息，让消费者吃到放心的绿色食品。企业将通过电子商务平台组织线下的观光和采摘活动，组织消费者到农场或者农户那里体验、品尝和采摘。这样可以提高农户收益。

由此可见，通过这种方式可以形成一个农产品电子商务产业的闭循环，从而大大地提高农民的收益，可以为地方政府创收，还可以带动大量人员的就业。除此之外，该模式还有利于某市乃至整个某特色农产品品牌力的提升，提高其在全国范围内的影响力。

第三节　农产品电子商务的营销策略

农产品市场营销就是为了满足人们的需求和欲望而实现农产品潜在交换的活动过程。农产品市场营销是指农产品生产者与经营者个人与群体，在农产品从农户到消费者的过程中，实现个人和社会需求目标的各种产品创造和产品交易的一系列活动。农产品市场营销的主体是农产品生产和经营的个人和群体。农产品市场营销活动贯穿于农产品生产、流通和交易的全过程。农产品市场营销的概念体现了一定的社会价值或社会属性，其最终目标是满足人们的需求和欲望。

一、农产品营销的新产品开发策略

农产品和任何事物一样，有着出生、成长、成熟以至衰亡的生命周期。因此，做农产品电子商务的企业不能只顾经营现有的产品，必须防患于未然，采取适当的步骤和措施开发新产品。它是企业提高竞争力的重要因素，也是企业市场营销活动的主要任务。新产品开发的过程一般包括新产品构想的形成、新产品构想的筛选、概念产品的形成与检验、经营分析、制出样品、市场试销、正式生产投放市场。新产品开发成功以后，还须上市成功，这意味着新产品被消费者采用并不断扩散。

农产品的新品开发是从营销观念出发所采取的行动，因此必须是适应社会经济发展需要，试销对路的产品。没有市场的产品，对企业而言再新也没有多大意义。消费者对产品各种各样的需求，使一个产品有多种式样，成为新的消费动向。例如，乌骨鸡、七彩龟、黑小麦等农产品虽分别属鸡、龟、麦类，但因为其颜色稀少，药用价值较高，不仅市场销路好，而且经济效益高。因此，新产品要有自己的特色去适应和满足消费者需求的新变化。

二、农产品定价策略

具体定价方法的确定一般要考虑网商获得该农产品成本、目前市场需求状况以及市场竞争情况等三个因素，因此，可从上述三个视角来确定农产品的定价。

（一）成本导向定价策略

成本导向定价法是以该农产品的总成本为中心，分别从不同的角度制定对网商最有利的价格。成本导向定价法由于较为简便，是网商最基本、最普遍和最常用的定价方法，具体又可以分为以下几种：

1. 成本加成定价法

成本加成定价法是以农产品总成本为基础，估算出单位产品的平均成本，然后加上一定比例的预期利润来确定产品的售价。预期利润可以由网商根据市场环境及网商营销实力确定。定价公式如下：

$$价格 = 单位产品的平均成本 \times （1 + 预期成本利润率）$$

例如，某网商经营葡萄种植园，种植并销售某名贵品种葡萄。该种植园拥有每年产出2万千克的种植能力，投入总固定成本为16万元，其每单价的平均单位变动成本为6元，该网商要求的成本利润率为50%，则：

$$单位产品的平均成本 =6 + 160000/20000=14 元 / 千克$$

$$价格 =14 \times （ 1 +50\% ）=21 元 / 千克$$

此方法的优点是：简单易行，在市场环境诸因素基本稳定的情况下，网商和消费者的公平感强，引起价格战的可能性低，从而可保证生产经营的正常进行。缺点是：忽视农产品的供求情况，有可能与市场需求相脱节并难以适应竞争的变化。这是较典型的生产导向观念的产物，由于对产品销量很难预知，因此，导致成本和价格的计算缺乏科学性，不太适合农产品的实际运作。

2. 盈亏平衡定价法

盈亏平衡定价法也叫保本定价法、均衡分析定价法或收支平衡定价法，是指在预计的既定销售量的前提下，农产品的价格必须维持在一个标准水平，才能够保持住盈亏平衡，实现收支相抵。于是，该既定的销售量就叫作盈亏平衡点，如果实际价格低于这一标准水平，就会亏损，高于这一界限则有盈利。所以，科学准确地预测销售量、精确地测算农产品固定成本与变动成本是采用盈亏平衡定价法的前提。

3. 目标利润定价法

目标利润定价法（也称目标收益定价法），是网商根据预测的总销量及总成本，来综合确定一个利润目标的定价方法。

目标利润定价法的核心要点是要保证网商能实现预期的目标利润。网商根据预测的总成本及总销量，确定一个期望能实现的目标收益率，然后再反过来推算价格。具体的定价公式为：

产品价格 =[（单位固定成本 + 单位变动成本）/（1 – 销售税率）] +{ 目标利润 /[预测销售量 ×（1 – 销售税率）]

又因为：

目标利润 = （单位固定成本 + 单位变动成本） × 预测销售量 × 成本利润率

所以定价公式可变为：

产品价格 =[（单位固定成本 + 单位变动成本） ×（1 + 成本利润率）]/（1 – 销售税率）

接上例，若网商确定了目标利润要达到 20 万元，假定综合销售税率为 10% ，则所定价格为：

$$价格 = （6+8）/ （ 1 –0.1 ） + 20000/[20000 \times （ 1 –0.1 ）] \approx 26.70 元 / 千克$$

目标利润定价法与成本加成定价法的差别在于成本加成定价法计算公式中的成本只是制造成本，不包括期间费用；而目标利润定价法计算公式中的成本包括制造成本和期间费用。相应地，两个公式中的成本利润率也有所不同。

（二）需求导向定价策略

需求导向定价法以市场需求走向为方向标，以消费者对该农产品的价值理解与认可程度为主要依据，虽然是同一种产品，但对不同类型的消费者和市场制定不同的价格。具体定价方法包括如下三种：

1. 价值理解定价法

"价值理解"指消费者对某种农产品的价值的主观评判，通常与该产品的实际价值会发生偏离。价值理解定价法则是指网商以消费者对农产品价值的理解程度为主要定价依据，并运用多种营销策略与手段，正面影响消费者对该农产品价值的认可，形成有利于网商的价值观念，最后根据农产品在消费者心中的认可价值来制定价格。采用这种定价方法，显然需要网商能比较自己的产品与竞争者的产品在市场上被消费者理解的程度，从而做出恰如其分的估计。优质优价是农产品价格的发展趋势之一，取决于消费者对优质农产品的认知、理解和认可。在农产品市场上，绿色食品价格比普通食品价格高 10%～20%，有机食品价格比普通食品价格高 50% 以上甚至几倍，无公害农产品价格一般略高于普通农产品价格，这样的高定价都基于消费者对绿色、有机产品的理解和认可。

2. 需求差异定价法

根据不同的市场需求制定不同的商品价格是极为普遍的一种定价法。这种定价的基础是消费者心理的差异、购买能力的差异、产品式样的差异、出售时间和地点的差异等。例如，消费者差别定价、服务差别定价、时间差别定价等。该方法定出的价格一般都富有弹性，尤其在竞争更激烈而需求却下降的情况下，所以最后定价不宜偏高。通常学者们认为采用需求差异定价法的条件是市场要能够细分，同时不同的细分市场要能看出需求程度的差别，再根据不同细分市场的需求、成本及目标利润来分别确定各细分市场的销售价格，同时，这种差别价格不应引起消费者的反感。

3. 逆向定价法

逆向定价法是指网商依据消费者能够接受的最终销售价格，计算出自己的经营成本和利润后，逆向推算出产品的价格。该方法总是从市场需求行情出发来定价，保证所定价格能被消费者充分接受，而不以实际产品成本为依据。由于价格是既定的，网商要获利，就必须在节约成本、提高劳动生产率上下功夫。

（三）竞争导向定价策略

竞争导向定价法是在竞争激烈的市场上，研究竞争对手同类农产品的价格水平、服务状况及生产条件等多种因素，再根据自身的综合竞争实力，参考产品成本与市场供求状况来确定最终销售价格。竞争导向定价具体方法主要包括：

1. 随行就市定价法

随行就市定价法（Going-Rate Pricing）是一种简单的定价方法，其特点是把网商自己产品的价格定得与市场上竞争者的同类产品的价格相近。当网商的产品特色不明显，又不打算以低价与竞争者竞争时，一般采用这种定价方法。网商可以根据自己产品与竞争者产品的差别来确定下一个略高于、略低于或相似于竞争者产品价格的价格。随行就市定价法是根据竞争者的价格定价，不怎么注意自己的成本或者需求，网商定的价格可以比竞争者的价格高或低，或与竞争者的一样。这种定价法主要适用于需求弹性比较小或者供求基本平衡的农产品，如大米、面粉、食用油等。

2. 差别定价法

差别定价法就是通过努力促使同质同类农产品在消费者心中建立有差别的形象，通过不同的形象差异，选取高于或低于竞争农产品的价格作为自己的最终销售价格。差别定价法合理使用的前提是网商必须具备强大的经济实力，且产品具有一定的市场地位，消费者能够将产品与网商本身联系起来；其次，网商要将市场上的竞争者产品与网商本身产品在性能、质量、成本、式样、产量等方面进行比较，制定高于、一致或低于竞争者产品的价格；最后，要持续跟踪竞争品的价格变化，随时分析价格差异形成的原因，并及时调整自己产品的销售价格。

三、农产品网络营销策略

美国营销学大师菲利普·科特勒认为，"网络营销是企业整体营销策略的一个组成部分，是建立在互联网基础上，借助于互联网端来实现一定目标如品牌或销售额的一种营销手段"。我国学者冯英健认为"网络营销是企业整体营销战略的组成部分，是为实现企业总体经营目标所进行的，以互联网为基本手段营造网上经营环境的各种活动"。可从营销和技术两个角度来界定农产品网络营销。从营销角度看，农产品网络营销是指涉农组织、企业、个体农户等通过市场调研发现网络消费者现实和潜在的农产品需求，开发和设计出能够满足网络消费者核心利益的农产品网货，借助互联网上的知名网站或大型平台，快速有效地满足目标消费者的需求和欲望，以达到开拓市场、销售产品并实现盈利目标的经营活动。从技术角度来看，农产品网络营销指涉农组织、企业、个体农户通过互联网等各类电子工具所进行的农产品交易过程（如图4-3所示）。因此，农产品网络营销的实质是借助信息技术营造网上适宜的经营环境，分析网络消费行为，设计并实施网络营销方案，从而抓住网络消费者心理并满足网络消费者的个性化需求。

农产品网络营销涉及的核心要素包括：需要、欲望及需求，产品、商品和网货，网商、农户、网络消费者和网络市场，交换、交易、关系和网规，满意度，网络平台和网站等，下面逐一介绍。

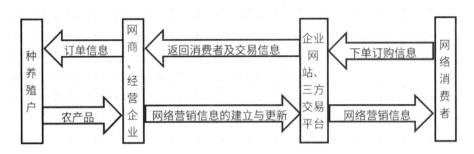

图 4-3 农产品交易过程

（一）需要、欲望及需求

所有营销活动的出发点均产生于人的需要与欲望。需要（Needs）是人的一种感受状态，感受到基本要求没有得到满足的饥饿状态，比如，饿了要吃饱，冷了要穿暖。人类有许多需要，如对食物、衣服等的基本需要，对归属和情感的精神层面需要，对知识和自我价值实现的更高层次的需要等。这些需要是人所固有的，营销者不能创造这种需要，而只能适应它们。欲望（Wants）是指想得到各种能够满足自己需要的具体实物的愿望。欲望受到地域社会文化环境及人类个性差异的限制，是由需要派生出来的一种心理状态形式。随着社会生产力的发展进步、人民生活水平的提高，构成社会细胞的各类成员的欲望规模、欲望种类及欲望程度均不断增加，生产经营者总是努力提供物美价廉的产品和高质量的服务来迎合社会成员的欲望，而营销者能够影响消费者的欲望，如建议消费者购买某种产品、展示或演示某类新产品的优良性能等。人的需要是有限的，人的欲望是无限的，但支付能力却是有限的。因此，人总是在其实际支付能力限制条件下来筛选最能满足个人欲望或最具价值的产品或服务，即物美价康。当人们具有支付能力的时候，欲望就转换为需求（Demands）。

需求是指有支付能力和愿意购买具体满足物的欲望。营销人员不但要知悉有多少消费者欲求其产品，更要知悉他们是否具备购买实力。

网商的首要任务是深入了解消费者的需要、欲望和需求。例如，研究网页设计甚至网站背景颜色等影响消费者购买欲望和需求的因素，观察和了解消费者对本企业和竞争者的偏好，等等。上述的基础研究工作为后续的营销策略的合理制定提供了重要的数据支撑和决策依据。管理大师彼得曾主张："营销的目的就是要增加需求。为此，就要深入地了解消费者，以便产品和服务具有适用性，并由自身产生销售。"区别需要，欲望和需求的重要意义在于：营销人员不能创造需要，只能通过努力并连同社会上的其他因素影响和激发人们的欲望，然后通过开发和销售特定商品来满足特定需要，并试图使自己的商品具有吸引力，能适应消费者的购买力，同时提供多方位的优质服务来影响需求。

（二）产品、商品及网货

产品是能够供给到交易市场，进而能满足人类需要与欲望的任何具体实物。商品是指向市场提供的一切能令人留意、获取、使用或消费的物品，满足人们某种欲望和需求。商品与产品的区别在于交换性，用于交换的产品就是商品。商品可以是实物，如家具、食品或林下干货等，也可以是服务，如农家乐、社区农业等，还可以是一种享受，如采摘、狩猎和捕捉等。网货是指借助互联网销售平台实现交易的商品和服务，通过网页上的图文信息展示，特点是"明码标价，海量个性"。互联网对商品的生产方式、销售渠道、流通过程、产品形态、价格构成等属性产生深远影响。网货的出现深刻地影响着商业世界，改变了传统商业的生产，设计、销售和流通，并缩短了生产与消费周期。网货正经历从1.0到2.0的进化，即从网货1.0时代的丰富、海量向网货2.0时代的以消费者为中心的按需定制转变。

（三）网商、农户、网络消费者和网络市场

网商最初专指那些网络服务提供商（接入商 ISP 与互联网服务提供商 ICP、应用平台提供商等），比如电讯盈科、TOM、新浪、搜狐、阿里巴巴等。现在的网商是指持续把互联网作为生产经营者的商品销售平台，通过互联网进行商品的线上展示、线上采购、在线销售及营销信息发布等常规经营活动，并以互联网作为主要营销手段的组织或个人，包括企业网商、商人网商和个体网商。网商要充分利用网络现有的各类电子商务交易平台的诚信交易规则，努力提高交易笔数和交易金额，在网上逐步建立起自己企业的商业信誉与网络品牌，并把它作为网络贸易中提升交易量和促进企业发展的重要基石。农户包括农林牧渔各行业中从事种植、饲养初级产品活动的具体作业和供应主体，可能是企业化组织、单个个体或农户协会等。网络消费者是指通过互联网进行购物和消费活动的消费者群体。网络市场是指以互联网为媒介，寻求满足特定欲望与需求的产品和服务的网络消费者及网商共同组成的虚拟网络交易环境。

（四）交换、交易、关系和网规

当人们开始通过交换（ Exchange ）来满足欲望和需求时才出现营销，因此，交换是

营销的核心概念。交换是指为了从别处取得自己所需之物而必须提供自己的某种物品或一般等价物回报给别人的一种行为。交换是一个过程而不是一个事件，其与生产同样创造价值，赋予人们更多的消费机会。交易（Transaction）是交换的基本组成单位，是交换双方之间的价值交换。交易是营销的度量单位。交易通常有两种方式：一是货币交易；二是非货币交易，包括易货交易、易服务交易、服务易货交易和货易服务交易等。

营销中的关系是指交易主体以及利益相关者之间的利益交换联系，一方发生变动，其他方也将随之而变。营销者不但要创造短期的销售关系，还要与分销商、零售商供应商、消费者等利益相关者建立起长期稳定的客户关系，从而实现持续营销目的。

规则保证产品和服务以公平的价格相互交易，由此建立强有力的经济和社会交换关系。但是，互联网冲击着这种规则，从交易到支付、从网商到平台、从信用到消费者保护，形成了一套不同于政策法规体系的内生与自治的规则，可称之为"网规"。因此，网规是指以网络服务商为主导的，其与网络消费者、网商群体之间的一种交流互动的规制关系以及网商群体在交易平台约束下自发形成并遵循的一种交易规则。在一定程度上，网规代表了信息化时代背景下新的商业规则。网规是网络世界特有的行为规则，是平衡网商之间及网商与相关方之间关系的砝码，是新商业文明的三大支柱之一。由于网规的内生性，自治性、开放性及其对传统法律规则中诚信、公开、透明、共赢、责任的全新诠释，它也在逐步成为整个市场经济法律制度改良和升级的新的"风向标"和"指路牌"，引领社会的规则体系实现转变和跨越式发展。网规的诸多特性已经越来越清晰，诚信、分享、责任是网规的三大显著特征。从趋势上看，营销正在从每一次交易利润最大化向与消费者和其他方面建立共赢、互信和守规的方向转换。

（五）满意度

满意是人特有的一种心理满足状态，满意度则是消费者的某种需求被满足之后产生的一种愉快感的程度表示，本质是消费者对产品或服务的消费前期望与消费后的实际感受的一种百分比相对关系，即是用百分比数字来衡量这种满足的心理状态。消费者通常根据不同商品满足其需求的能力来判定这些商品的价值，并根据这种对商品价值的主观评价和所需支付费用来做出购买决策。消费者通常面对众多可以满足其某种特定欲望的产品和服务，满意度的高低取决于两种因素：一是消费者对产品的期望高低，二是产品使用后的感知效果程度，这种密切的相对关系最终影响满意度。如果产品的感知使用效果低于消费者的期望，他们就不满意；如果产品的感知使用效果等于消费者的期望，他们就满意；如果产品的感知使用效果高于消费者的期望，他们就会非常高兴。网商总是要努力维持并提高网络消费者的满意度，因为消费者满意之后不但自己会重复购买，还会把自己的经验传播给其他人。对于网商如何提高消费者满意度这一问题，关键是设法让企业的网络营销活动与网络消费者的期望匹配。

（六）网络平台和网站

网络平台是一个为个人或企业提供网上交易洽谈、网络服务的平台。网络平台可分为自建平台和第三方平台。自建平台是企业自行建设和运营管理的网络平台。第三方平台是指由除买卖双方之外的第三方建设的为买方和卖方开展网络销售提供网络服务的平台。

网站（ Website ）是指使用 HTML 等脚本技术，遵循互联网规则，利用各种网页开发工具制作的用于发布特定信息内容、图文并茂的相关网页集合。网站作为一种网络通信工具，网络用户可以利用它来发布个人想要公开的各类资讯，同时也可以通过浏览器来访问其他网站的信息内容，享受其他的网络服务或者获取自己所需的资讯。

第四节　农产品电子商务的物流发展

一、农产品物流系统的概况

长期以来，我国的农产品物流主要依靠以下系统来组织：

1. 供销系统

供销系统属于农民合作经济组织。几十年来，各级供销部门积极从事以棉花为主包括农副土特产品在内的农产品收购和销售业务。近十多年来，供销系统在棉花等农产品购销物流中的地位和作用呈下降趋势，但仍然举足轻重。

2. 粮食系统

粮食系统一直担负着粮食的收购、储藏、运输、加工、销售以及国家的粮食战略储备任务，粮食企业是粮食和食油物流的主体。加入世贸组织以后，我国开始实行粮食购销市场化改革，除国家掌握的中央储备粮源和地方政府掌握的地方储备粮源外，定购粮食逐步放开，最终将完全走向市场。以市场为主导的粮食物流被摆上了议事日程。

3. 农产品市场

农产品市场是改革开放和市场经济发展的产物，包括农产品集贸市场和农产品批发市场。20 世纪 80 年代，集贸市场开始起步，它以蔬菜、畜禽产品、水产品等农特产品为主要物流对象，经营者主要是直接从事农业生产的农民。到了 20 世纪 90 年代，批发市场迅速发展，物流对象不仅有蔬菜、畜禽产品、水产品，还有粮油产品及其加工品、水果茶叶、中药材和花卉等特产品，经营者不仅有农民和城市居民，而且有相当部分的农产品经销企业和生产企业。各类经营者是农产品市场上不同产品的物流主体。

4. 其他农产品物流主体

其他农产品物流主体包括农产品加工企业，外贸进出口企业，有关公路、铁路、水运和物资等的运输仓储企业等，它们是农产品外销和出口物流的主体。其物流对象为农产品及其加工品，其物流设施和设备专业化程度大多比较高。

二、我国农产品电子商务物流现状

（一）农民对电子商务的认知程度不高

这成为制约农产品电子商务实现的一项重大不利因素。随着信息时代的到来，网络在我国社会不同领域中的影响力越来越大。据统计，2012 年我国农村网民规模已经突破 1.4 亿人，但是这一人群在全国网民中的占比仅为 27.3%。这种现状也制约了农村网民对电子商务的接触机会和认知程度，因此，农产品的电子商务推行起来也面临很大的阻力。

（二）农产品电子商务网站建设水平不高

近几年来我国政府一直致力于推动农业信息化建设，一部分涉及农产品电子商务的专业网站纷纷建立，在促进农产品流通方面发挥着重要的作用。但是这些网站没有形成一定规模，信息质量不能有效地满足农产品生产和销售的要求。而且信息资源的分布也不平衡，经济发达地区信息过剩，一些偏远农村地区信息封闭，二者之间缺少信息交流的基础和机会。没有能够利用的、信息比较完善的网站，有的网站没有被真正地利用起来，这些网站的主要定位是为本地农业做宣传而不是搜集、整理发布一些实用的农产品信息。

（三）农产品电子商务相关人才遗乏

从宏观层面来说，电子商务在农产品物流中的运用及有机结合需要国家政策支持，优秀电子商务物流企业牵头，政府有效引导以及地方积极学习。我国电子商务发展起步本身比较晚，在农业中的运用更是发展滞后，从事农产品电子商务的相关人才匮乏。

从微观层面来看，农产品电子商务服务对象是农产品、农产品相关服务和信息的使用者，在为高效地实现"农产品上行，网货下乡"，完成发展农村经济，提高农民收入以及改善农民生活水平等要求层面，具体相关的电子商务人才也极其缺乏。如网店美工、产品摄影、产品介绍、信息采集、在线客服、营销推广、行情分析、促销活动策划、QQ、微博、微信、论坛传播产品信息等平台、美工、营销、运营等综合运营技术人才短缺。

（四）农产品物流配送问题

农产品在物流作业过程中存在包装难、装卸难、运输难、仓储难等问题，极容易出现腐烂变坏的情况，再加上保鲜受损变质、利润小、快递费高、市场化的物流体系不够健全等，物流配送成为农产品电子商务进一步发展的瓶颈。淘宝网数据显示，目前，涉及电子商务的农产品种类分布比较分散，但交易金额靠前的农产品相对集中，茶叶、饮品、坚果炒货、包装肉食、蜜饯糖果、蜂蜜产品、保健产品、干货农产品及工艺品等排名都在前列，交易额占总额的近80%。

（五）缺乏农产品质量标准及安全追溯体系

目前农产品以次充好，农产品质量检测检验手段欠缺，没有快速、标准、权威的检测条件，没有一套完整的农产品可追溯体系，信用体系不完善。按照现行的农产品质量安全认证办法，相对于广大电子商务企业和个人卖家，食品安全认证门槛太高，认证手续烦琐，认证费用高昂。

（六）抱团营销中利益分配问题

在经济发达地区，农产品销售采用统一电子商务进万村的农户—合作社—乡镇级平台—县级营销平台的统一平台销售模式，这就使得农户利益、农户与商家、农户间、商家间的利益如何合理分配成为一大问题。

（七）农产品电子商务标准化问题

由于农产品品种繁多、复杂，按品种分类就有果蔬、水产、禽肉、蛋奶、五谷等，还有按地域、不同种养方式、捕捞方式（野生、圈养、放养等）等分类，标准难以统一。农产品在电子商务市场销售中更缺少产品的规格、质量等统一标准。

三、农产品现代物流的模式

我国地域广阔，农产品种类繁多、属性各异，再加上各地区自然条件、经济结构和发展水平的不同，我国农产品物流运营模式也呈现出多元化的特点。主要有以下几种农产品

物流发展模式：[1]

（一）以农产品物流中心（批发市场）为主导运作

这种以物流中心（批发市场）主导的一体化农产品供应链系统，一般是以商业流通企业为主的一体化物流系统。物流中心可由原来的批发市场发展而来，通过对批发市场的改造，采用先进的电子信息技术辅助农产品交易，配备完善的物流体系和信息技术平台，使得物流中心成为联结生产、加工、零售的核心环节。另一种比较现实的解决方案就是连锁企业，如大型超市的配送中心向上游延伸和发展，形成生鲜农产品加工配送中心。目前已经有相当一部分有实力的连锁企业开始组建自己的生鲜配送中心。两种类型的物流中心是分别从供应链上游（批发市场）向下整合和从供应链下游（连锁超市）向上整合形成的，前者位于供应链上游往往应用于农产品大宗商品跨地区调配，实现农产品作为供应链生产原料的配置；后者的目的是面向连锁超市，实现生鲜农产品的快速调配，满足最终消费者的需求。

（二）以农产品加工企业为核心的整合运作

在农产品供应链系统中，生产者是最薄弱一环，由于农户分散经营，组织化程度低，在供应链中处于不对称的弱势地位，因而，可以通过建立以加工企业为中心的一体化农产品供应链系统。在该模式下，农产品加工企业具有较强的市场力量，以农产品加工企业为中心能够保证生产活动的稳定性，在资金技术和生产资料等方面由企业为农户提供支持。另一方面企业在加工原料的供应上获得了保证。通过农户的组织，可以通过规模经济提高生产效率，降低生产成本。农产品供应链整合的过程是通过农产品加工企业内部整合和信息化水平的提高，带动上下游环节进行相应的协调与整合，最终形成统一的农产品供应链管理平台。农产品供应链管理平台包括电子信息系统、网络等硬件，也包括企业间的利益联结机制与统一的战略目标管理机制及供应链绩效评估机制。

在该模式下，农产品加工企业的素质成为农产品供应链成功的关键。在农产品供应链整合中，供应链管理的主要任务交给了农产品加工企业，有可能使农产品加工企业的管理成本提高，风险增加。如果不能有效地进行科学管理，很容易造成有规模却不经济。由此可见，信息技术和管理思想的引入是供应链整合的关键因素之一，农产品加工企业必须根据供应链管理理论，进行业务流程重组，通过信息化建设逐步提高管理效率，降低管理成本。

---

[1] 马兰、黄姚、梁亮等编：《农产品电子商务理论与实务》，贵阳：贵州大学出版社，2019年，第130页。

（三）农产品第三方物流为核心的外包运作

第三方物流配送主要是农户、农产品基地、供销社把自己需要完成的配送业务依托专业的第三方物流公司来完成的物流运作模式。第三方物流使用第三方物流配送，农产品的配送渠道和环节较少，相对于其他的配送模式，第三方配送在配送损耗、食品质量、管理成本等方面都有很大的优势，能灵活运用新技术，实现以信息交换库存、降低成本。专业的物流配送中心能不断地更新信息技术和设施，能以快速、更具成本优势的方式满足这些需求；能提供灵活多样的顾客服务，为顾客创造更多的价值。第三方物流配送中心利用专业的库存管理、科学的配送优化、流通加工，为顾客带来更多的附加价值，使顾客满意度提高。

以第三方物流为核心来建立农产品物流的供应链也存在一些问题。如农户与市场的脱节，如果信息在第三方物流企业与农户的传递过程中失真，就使得农户的生产调整不能适应市场需求，有时可能会出现连带经营风险，如果第三方也是基于合同的比较长期的合作关系，自身经营不善，则可能会影响使用方的经营，要解除合同关系又会产生很高的成本。

（四）农产品期货套期保值模式

利用期货交易，可以为农民提供套期保值规避风险的工具，为农业种植结构调整提供价格信息，减少农业受自然因素而遭受的损失，增强农业的抗风险能力和市场化水平，有利于保护农民利益。可以将期货市场看作交易信息的市场，通过这个市场集中的各种信息，尤其是远期价格，农民往往可以预测到最适合市场的产品品种，决定种植种类。有了期货市场，企业一方面利用农产品期货市场上的远期价格与农民签订单，另一方面通过期货市场进行套期保值、预测价格，防止价格波动而造成的风险，把订单中的风险转移到期货市场上去。利用期货市场，做好农产品规格化，与国际市场接轨，发展标准化农业，并通过期货市场的机制，引导农产品加工业的发展，拓展农业产业价值链，可以有效提升我国农产品的国际竞争力。

四、农产品物流的现代化发展策略

（一）加快农产品物流标准化进程

在包装、运输和装卸等环节，推行和国际接轨的关于物流设施、物流工具的标准，如托盘、货架装卸机具、条形码等，不断改进物流技术，以实现物流活动的合理化。重点应联合有关部门制定全国统一的相关农产品质量标准，包括理化指标、感官指标、安全食用指标鲜度指标等，并对产地进行大气环境测试、土壤成分测试水资源测试，控制农药使用，加速农产品流通。

（二）发展战略合作伙伴关系

良好的伙伴关系有助于改善成员之间的交流，有利于实现共同的期望和目标，减少外在因素的影响和相应造成的风险，增强冲突解决能力，实现规模效益在合作伙伴中的选择。要根据市场竞争环境和资源约束，从合同履约、信用、合作愿望、生产、服务、营销能力、参与动机等方面综合评价合作伙伴，确保伙伴利益的一致性，并能适应合作的管理协调机制，逐步从普通合作伙伴关系发展到战略合作伙伴关系。

（三）围绕核心企业组织供应链资源

资源是组织拥有和控制的实物资产、人力资本、知识资本的集合。在进行农产品物流运作时，应根据市场动态对整个供应链资源实施战略管理，使整个供应链成为一体，保证资源的最优配置。具体来说，就是要根据供应链的产品流、信息流、资金流、服务流组织内部资源和外部资源。内部资源包括生产物流资源（如土地、仓库等）、信息技术资源（如土地信息系统、通信网络）、市场资源（如产品品牌、信誉、产品质量认证），外部资源包括供应商资源、客户资源和技术服务企业等。

（四）建立信息共享激励机制

共享信息涉及订单与交货、市场需求预测、库存水平、生产计划等内容。实现信息共享，可以提高需求信息的准确度，加快对市场需求的响应速度，减少交易活动的处理周期和成本，促进供应链伙伴之间的紧密合作，改善伙伴间的信任度，提高供应链效率。在农产品供应链中，由于信息共享会造成供应链成员之间重新分配信息资源，改变彼此谈判的优势地位，重新分配供应链利润，使得信息共享存在一定的障碍和困难，因此，需要建立一种信息共享激励机制，对信息供给者给予适当的奖励和补偿。这种机制可以通过两种途径实现：一是节约支出、减少成本的合理让渡。由于信息共享后，可以减少不确定因素，降低农产品生产、库存、运输等环节的成本，农户可以通过定价折扣向下游环节让渡一部分节约成本后形成的利润，构成下游环节的利润补偿。二是增收、增加销售后利润的合理分配。下游环节准确预测需求，通过信息共享，使农户在生产环节及时响应需求，下游环节扩大销售后对生产环节做出利润的合理让渡。

（五）准确定位顾客服务水平

在农产品物流运作时，应以顾客需求为基础，根据不同客户群体的需求进行市场细分，开展产品差异化，确定合理的顾客服务水平，并通过供应链实现对顾客要求的快速响应，使供应链结构适应市场变化，同时按照市场的要求完善农产品物流网络的顾客化改造，以实现既定的服务水平并确保营利。

1. 加强农产品电子商务与物流人才培训

积极开展农产品电子商务人才教育培养，定期组织政府相关部门、生产经营主体、现代农业园区建设业主、返乡创业青年、大学生村官等进行农产品电子商务与网络营销技术的教育培训，加强农产品电子商务意识及管理理念的培养、农产品电子商务与物流有关知识的宣传，扩大农村居民对电子商务的认识和应用，真正做到从农产品开网店到电商运营的综合运用。不断提升农业企业电子商务的运营能力，提高网络销售技术水平，加强农产品物流人才的培养，引导物流企业与高职院校合作办学，培养农产品物流专门人才，使农户学会检索网络信息，查询跟踪货物，高效率完成相关物流业务。

2. 完善农产品物流配送体系

在已有农产品物流发展模式基础上，根据地方情况、农产品属性特征统筹规划物流体系。特别是要建设跨地区、跨行业的农产品物流配送体系，从同城配送延伸到异地快速配送。鼓励大型零售企业加快生鲜食品配送中心建设，建立第三方物流冷链配送服务中心。以嘉兴为例，可在嘉兴市周边五个县两个区或其他销售城市合理布局农产品配送中心，引进先进保存、运输设施，以同城配送的形式送至客户手中，既降低物流成本又保证农产品的新鲜度。同时，可以以嘉兴市水果批发市场和蔬菜批发市场各经营户为货源主体，在附近建立网络销售中心，开展农产品的统一配送业务，实现规模化的生产经营。可逐步加长产业链，发展农产品深加工，如脱水蔬菜、真空包装熟食等，以克服运输问题，有力推进农产品的网络销售。

3. 建立农产品质量追溯体系

加强互联网销售农产品的质量监管，建立农产品统一标准、统一采购、统一仓储、统一配送的标准化体系，特别是建立农产品质量追溯体系，建立追溯台账制度，对中期进出进行品控检测、后期采用预先赔付等制度，保证农产品质量安全。从原产地种植养殖过程中积极消除农产品电子商务的质量安全隐患，做好中期与后期销售安全把控。

4. 建立农产品主体销售分配制度

在各种营销推广的模式基础上，以行业抱团或地区抱团的形式组织开展抱团营销，推广先进管理模式，做好农产品主体各方利益分配的协调与统筹，建立符合各方运作特点的利益分配制度。

5. 加强农产品品牌建设和产品推广

中国淘宝第一村——义乌青岩刘村等农产品电商运营模式，都是在经历最初几年高利润的繁荣生长后，如今也都面临着各家企业等电商项目的低价、同质竞争，面临因模仿和抄袭带来的专利纠纷以及进一步生长蜕变的瓶颈。究其原因都是没有重视品牌的建设。首先，农产品的品质是网络销售的生命力，除继承和发挥传统品牌农产品的基础，树立互联网品牌思维、加大网络品牌建设力度显得尤为重要。如聚划算推出的"三果志"品牌，即褚橙、柳桃、潘苹果等。其次，要运用品牌借力等策略进行农产品品牌推广，可借鉴良品铺子的推广、临安笋干与"舌尖上的中国"的合力推广等。最后，要参加省内外举办的各类农产品展销会，积极主动策划宣传，重点推广销售本土化特色农产品，打造名特优农产品电子商务平台。如嘉兴市重点推广桐乡市优质特色农产品的淘宝网店，在此平台上所售产品均为桐乡市"电子商务进万村工程"认定的绿色农产品。

6. 建立农产品电子商务标准化体系

进一步加强农产品的标准化认证，从原产地进行认证配套，实施作业流程标准化，用综合的方式及数据指标来固化产品质量，保证品质标准化。同时，从工艺标准化和规格标准化等方面对不同农产品进行定位和调整。特别是农产品在电子商务销售与物流配送环节中，进一步建立农产品质量安全标准，不断完善生产环境、生产过程、产品品质、加工包装、运输配送等环节的一系列标准。政府对农产品网络销售取得一定成效的单位，要给予一定比例的财政补贴或给予其优先开展农业项目立项的权利。

再造农业产业链，助力县域经济发展从县域农业产业升级优化做起，优化供应链，通过供应链再造功能，实行产地直供，形成规模效应，压缩供应链路，减少批发环节及运作服务等成本，让利给前端生产者和后端的消费者，使农产品电商真正成为推动区域经济发展的强大力量。

五、大数据技术推动农产品物流发展

农产品物流涉及农产品的收购、储存、加工、包装、运输、卸载搬运、配送等环节，通过整合，分析各个环节的数据，不仅可以连接农业主体和消费需求主体，还能实现农产品保值增值，甚至可以为整个物流管理提供有力的决策支持，如物流中心选址、最优化配送路线、合理管理库存等。

农产品物流主要包括以下环节：产前管理（投入品及环境资源）产中管理（生产）、产后管理（物流）。其中产前和产中是关联数据，产前和产中的信息化管理主要是提供优质的农产品和协调区域品种结构数量，产后主要服务于物流。由于各地和各行业之间数据割据，目前，大部分是小范围内的数据共享。要形成农产品大物流市场和保障产品安全，各数据拥有者之间需要协同共享，整合数据资源，形成大数据池，并利用大数据技术进行分析，才能更好地服务于优质农产品生产和高效物流。

（一）大数据技术是建立大平台、大物流、智慧物流的基础和关键

未来的物流平台化发展是主流趋势，而大数据是物流平台的有力技术支撑，驱动平台运营的核心在数据；大物流是要实现全社会物流资源的整合利用，智慧物流是利用集成智能化技术，使物流系统能模仿人的智能，实现物流的信息化、智能化、网络化、电子化，实现传统物流向现代物流的转变。这三个新兴物流的发展和实现无疑需要数据分析做支撑。

（二）大数据技术是突破农产品物流发展瓶颈的利器

目前，我国农产品物流行业的发展面临着巨大的困难，急需突破发展初期的界限，迈向更高层次的发展。物流业一直被称为"第三利润源"，但在农产品物流方面，由于农产品的特殊性，物流过程复杂，损耗高，风险高，企业数量多，规模不大，行业整体物流成本高。物流成本高一方面关于设备的利用率及先进性，另一方面关乎对信息和数据的整合分析。如果能够充分分析和挖掘物流数据中的潜在价值，就能够帮助物流企业降低物流成本，数据就成为突破"小物流"到"大物流"的利器。

（三）大数据的应用是未来农产品物流业发展的必然趋势

一是企业竞争需要大数据。未来的农产品物流市场，竞争更激烈、市场变化更快，利用大数据分析技术挖掘隐藏在海量数据中的价值，支撑和创新业务模式，将成为企业的核心竞争力。二是物流应用需要大数据。以电商为例，电商物流等社会化物流的强劲发展对每个节点的物流信息需求越来越多，需要通过大数据技术将物流业务数据与物流增值服务融合起来。三是供应链发展需要大数据。全程供应链可视化是全球供应链的发展趋势，当

C2B 和 O2O 模式全面渗透到农产品物流的整个过程时，物流信息的可视化必然成为基础运营的重点，数据将成为核心。四是企业管理与决策优化需要大数据。大数据是物流管理和优化必备的基础，不管是单个物流运营个体的人、设备效率，还是整个运营路径的优化，大数据积累是物流运营优化、管理提升的重要支持。五是企业高效运营需要大数据。传统的根据市场调研和个人经验来进行决策已经不能适应这个数据化的时代，只有真实的、海量的数据才能真正反映市场的需求变化，通过对市场数据的收集、分析处理，物流企业可以了解到具体的业务运作情况，能够清楚地判断出哪些业务带来的利润率高、增长速度较快等，把主要精力放在真正能够给企业带来高额利润的业务上，避免无端的浪费。

第五章 互联网环境下的新型职业农民培育

  《国家中长期教育改革和发展规划纲要（2010—2020年）》（以下简称《纲要》）中提到："把加强职业教育作为服务社会主义新农村建设的重要内容。"《纲要》中还提到："职业教育就是要培养适应农业和农村发展需要的具有一定文化水平、懂得现代化农业技术知识，并且会经营懂管理的新型职业农民。"所谓新型职业农民，是国家工业化、城市化达到一定水平之后，伴生的一种新型职业群体，也是农业内部分工、农民自身分化的必然结果。农民都要经历由"身份"向"职业"演进的历程。新型职业农民与传统的农民是有区别的，传统的农民是依靠传统的方式进行劳作，并以自给自足的方式生活，新型职业农民具有较高的职业素质，并利用现代科学技术进行劳作，具有创新精神，能使劳动产品获得更大的利润，具有社会责任感。职业农民的内涵具有四个特质：一是全职务农，二是高素质，三是高收入，四是获得社会尊重。中国是一个农业人口比较庞大的国家，随着工业文明不断加速，"三农"问题一直是中国发展进程中面临的一个大挑战。解决"三农"问题，必须依靠科学技术和高素质的新型职业农民。

第一节 新型职业农民产生背景及成因

一、什么是新型职业农民

  2005年，农业农村部首次提出培育职业农民，倡导培养农村人才，将职业农民纳入到百万中专生培养计划里。此后，伴随着新农村建设战略的实施，国家层面的政策文件更多地使用"新型农民"这一表述。2005年的"十一五"规划指出，要"培育有文化、懂技术、会经营的新型农民"。2006 年的中央一号文件和 2007 年党的十七大报告都沿袭了"新型农民"这一术语。2012 年中央一号文件明确提出要"大力培育新型职业农民",这是"新型职业农民"这一术语首次正式出现在中央一号文件里。

2012 年的《新型职业农民培育试点工作方案》,首次在国家文件中定义"新型职业农民":"具有较高素质,主要从事农业生产经营,有一定生产经营规模,并以此为主要收入来源的从业者。"2013 年的《农业农村部办公厅关于新型职业农民培育试点工作的指导意见》对新型职业农民的定义做了一些修改:"以农业为职业,具有一定的专业技能收入主要来自农业的现代农业从业者。"由此可归纳出新型职业农民的四要素:以农业为职业具有一定的专业技能、收入主要来自农业以及从事现代农业,这是"新型职业农民"最基本的判定标准。相比于 2012 年的定义,主要有三个变化:其一,"较高素质"变为"具有一定的专业技能",明显将新型职业农民这一主体的特质具体化了;其二,"主要从事农业生产经营"变为"以农业为职业",意味着新型职业农民从事的领域不仅包括农业生产经营,还包括农业服务;其三,"有一定生产经营规模"扩展为"现代农业从业者",不局限在生产经营规模上的要求。

（一）新型职业农民的分类

1. 生产经营型职业农民

生产经营型职业农民是指以农业为职业、占有一定的资源、具有一定的专业技能、有一定的资金投入能力、收入主要来自农业的农业劳动力。主要是专业大户、家庭农场主、农民合作社带头人等。

2. 专业技能型职业农民

专业技能型职业农民是指在农民合作社、家庭农场、专业大户、农业企业等新型生产经营主体中较为稳定地从事农业劳动作业,并以此为主要收入来源,具有一定专业技能的农业劳动力。主要是农业工人、农业雇员等。

3. 社会服务型职业农民

社会服务型职业农民是指在社会化服务组织中或个体直接从事农业产前、产中、产后服务,并以此为主要收入来源,具有相应服务能力的农业社会化服务人员,主要是农村信息员、农村经纪人、农机服务人员、统防统治植保员、村级动物防疫员等农业社会化服务人员。[1]

---

① 齐亚菲:《新型农民素质提升读本》,北京:中国建材工业出版社,2017 年,第 3 页。

（二）新型职业农民的基本特征

2012 年，全国现代农业建设现场交流会上对新型职业农民的基本特征做了概括性描述，主要有以下几个方面：

1. 以农业为职业

新型职业农民必须是以农为业、以农为主、以农为本、以农为根，全职务农，把务农作为终身职业。

2. 占有一定的资源

新型职业农民必须是通过山林、土地的流转实行适度规模经营，具有一定领导、协调、联络、沟通能力和团队合作能力的农业专业经营者。

3. 具有一定的专业技能

新型职业农民必须是具有一项（类）以上较高的农业专业技术实践操作能力和一定的农业专业理论水平，取得农民专业资格证书和培训技术证书的农业专业经营者。

4. 具有一定的资金投入能力

新型职业农民必须有一定的资金积累和发展再生产的能力，具有投资发展现代农业的热情和理念，不是完全靠政府补助和贷款维持经营的农业专业经营者。

5. 收入主要来自农业

新型职业农民具备较大经营规模。农民本人或家庭收入的 80% 以上来自农业产业。

以上 5 个方面的特征是新型职业农民必须同时具有的，它们相互依存、有机融合，构成了新型职业农民的基本框架。

二、新型职业农民产生背景分析

我国农耕文明历史悠久，总耕地面积辽阔，农民占总人口的比重极大，是一个不折不扣的农业大国。但是，随着改革开放的不断深入，社会主义市场经济潮流的滚滚推进，我们国家出现了史无前例的人口大转移：一直从事传统农业生产的农村劳动力向城市转移，向第二、三产业转移。

大量的农民进城务工，农村农业劳动力严重短缺，从事第一产业的劳动者在总体数量上明显不足。而留守在生产第一线的大多是年老体弱者，这些劳动者劳动能力弱年龄偏大且文化程度普遍较低，自此，农村农业劳动力结构出现失衡。2017 年的调查报告显示，我国已有 2.87 亿多的进城务工人员，较 2016 年增加了 481 万人，比 2012 年多 2391

万人，进城务工人员总量年均增长率高达 1.8%。在转移出去的进城务工人员中，新生代进城务工人员（1980 年及以后出生的进城务工人员）占比首次过半。这些 80 后、90 后新生代进城务工人员一旦选择到城市发展，部分人将不愿意再回乡务农，农村劳动力缺乏的风险不断增大。

纵览世界各国的现代化发展过程，无论是发达国家还是发展中国家，都曾出现过农业劳动力短缺的危机，对农村发展及整个社会的经济发展影响巨大，解决农业劳动力短缺的危机已成为永久的世界性课题。经过不断摸索并结合本国国情，法国采取了"以工养农"的办法：科学引导农村剩余劳动力转移出去；通过政策调整、制度调节，吸引部分青壮年留在农村从事农业；政府出钱出力对农民进行培训，提高其知识化、技术化水平，以使其更好地从事农业生产；提高进城务工人员工资水平，确保其收入与城市中等工资水平持平，提高农民的社会地位，使得从事农业生产的青年愿意终生从事农业生产。总之，通过政策和制度的保障，培养和稳定农民队伍，确保农业的可持续发展。

具体到我国，在此问题上，中央于 2012 年提出了培育新型职业农民的号召，旨在应对我国农业劳动力出现的"不愿种地""不会种地"的困境，解决未来中国农业发展中"谁来种地""如何种地"的问题。农业的发展事关 14 亿人口的吃饭问题，对于民生、经济都有着重大意义，因此培育新型职业农民显得尤为重要。新型职业农民的培育，首先，要协调好农村劳动力的"留""转"问题，在有效转移富余劳动力的同时，通过各种方式留下一批适应现代农业发展要求的农业劳动力；其次，要开展农业接班人培养工作，确保农业后继有人；最后，国家和基层政府要重视对农民的教育培训，在提高农业劳动力素质的同时提高农业劳动生产率、资源利用率和土地产出率。

三、新型职业农民产生的原因

生态农业是以现代科学为基础，应用其技术，工业装备以及现代经济科学管理方式，创造高产低耗的优质农业生产链并且合理进行资源配置、具有高效科技成果转化力的农业生态系统。这一系统的维持与运作需要高素质的农业人才，新型职业农民是以农业为职业、具有相应的专业技能、收入主要来自农业生产经营并达到相当水平的现代农业从业者。科技不断进步的现代社会中，生态农业现代化的进程不断推进必将催生新型职业农民。农民的素质状况是制约我国生态农业发展的关键因素，它影响着社会主义新农村建设的进程及目标的实现。现代生态农业的发展要求农民要有较高的自身素质。

我们从生态农业需要高素质农民的原因和生态农业需要农民具备的具体素质与特征来阐明这一部分，同时也是为农民培育的必要性理清原因。

我们通过分析高素质农民与传统农民的区别来明晰为什么现代农业一定需要高素质农民。

（一）传统农民不适应现代生态农业的发展

"农民"是我们日常生活中常听到的词语，是一个非常熟悉的词语，但是要对"农民"下一个定义却没有那么简单。古今中外关注农民问题的专家学者都为此做出过不同角度的尝试。

"农民是直接从事农业生产的劳动者、在资本主义社会和殖民地半殖民地社会，主要指贫农和中农，社会主义社会，主要指集体农民。"这是《辞海》中对农民的定义，是从职业属性上来界定农民。基于我国农民问题的现实，"农民"并不是像律师、教师、医生这样的职业概念。因此，我们知道"农民"仅指"传统农民"，是指从身份和观念上认定的农民，是在农村地域内以从事第一产业类生产经营与管理为主的农村劳动力。它包括从事农林牧副渔生产经营以及农村管理的各类人员。其中既包括留守在农村的原本从事农业生产的劳动者，又包括返乡务农的转移劳动者以及从城市逆流到农村从事第一产业类经营的劳动者，而不包括那些户口在农村，但是却不以务农维持生计的人群。

通常情况下，我国传统农民具有以下两方面特征：

一方面，从生产方式来看，传统农民的农业生产工具简单、落后，生产的目的，是为了满足自己或家庭的生存需要，农业生产活动也是小规模的，而且其生产方式以土地和其他生产资料的分散为条件。落后的生产力使农民的生活长期在温饱线挣扎，农民之间经济联系很少发生。

另一方面，从社会地位来看，农民与城市居民的不平等仍然存在。长期以来农民没有被人们当一种职业来看待，连从事农业生产的农民也认为自己没有职业。现代社会的发展要求人的自由全面发展，"农民"发展的不自由，是要求国家大力发展新型职业农民的必然趋势。

（二）高素质农民——新型职业农民应时而生

高素质农民在当代就是指"新型职业农民"。所以在了解了传统农民的窘境之后，国家要发展的是新型职业农民。新型职业农民是以农业为职业、具有相应的专业技能、收入主要来自农业生产经营并达到相当水平的现代农业从业者。传统农民与新型农民的区别在于，前者是一种被动烙上的"身份"，后者是一种主动选择的"职业"。科技不断进步的现代社会中，农业现代化的进程不断推进，必将催生新型职业农民，促进广大农民的自由全面发展。它不仅有国家大政方针的支持，更有专家学者的引导解读。

新型职业农民是随着社会环境变化不断演化的，具有鲜明的时代特征。新型职业农民强调的是一种职业，作为一种职业必须具有职业道德。职业道德是新型职业农民的首要素质，是未来农业发展和时代赋予新型职业农民的新特征。职业道德素养包括农民的职业责任感、使命感与诚信精神，在农业领域就业，就要爱农、敬农，忠诚、奉献，既要对农业生态环境负责，也要对农产品质量负责，对消费者负责。

新型职业农民是在一系列政策推动下，随着经济社会发展进行演化的，是在特定的时代背景下提出的。其内涵经历了一个动态的演化过程，由"新型农民"到"新型职业农民"。由"培养"到"培育"的演变。它标志着我国农民开始由身份型向职业型转变。它区别于传统农民按户籍划分的世袭身份，这一定义使新型职业农民从社会学概念转为经济学意义上的概念。从经济学意义上讲，新型职业农民是理性经理人，作为现代农业的经营主体和市场主体，追求农业生产经营利润最大化。

综合学者们的研究成果，可以看到新型职业农民是在农业现代化的背景下，具有从事现代农业生产活动所需的文化素质、生产技能、科技和职业道德素养，并自愿选择在农业领域就业，以农业生产经营作为主要收入来源的劳动者群体。根据在农业领域从事工作分工不同，分为生产技能型职业农民、经营管理型农民和社会服务型农民。

（三）新型职业农民契合现代生态农业需要

新型职业农民作为一种职业，没有脱离农业生产。但与传统农民或新型农民截然不同。第一是身份与职业不同。传统农民即"农村人"，主要指长期居住在农村，从事农业劳动，收入少。文化素质低，代表一种身份和地位，属社会学范畴，强调的是一种社会身份和等级地位。"新型农民" 是指有文化、懂技术、会经营的农民，其实质与传统农民一样，仍属于社会学范畴，也代表一种身份和地位，与传统农民不同之处是，它代表的是高素质的农民。第二是所处环境和时代不同。传统农民是计划经济时代，"城乡二元"户籍制度背景下形成的，农民指"具有农村户口的居民"。经济上，农民指长期从事农业生产的劳动者；文化上，常常指生活在农村的憨厚、老实、勤劳、朴素但科技文化水平不高的劳动群体。"新型农民"是在新农村建设的大背景下提出的，农民科学文化素质有所提高，但仍然受户籍制度束缚。因此，这是传统农民的继承和发展。第三是理念不同。传统农民生产理念满足自给自足；新型职业农民是理性经理人，作为现代农业的经营主体和市场主体，追求农业生产经营利润最大化。

新型职业农民是契合现代生态农业，符合生态文明建设、符合生态农业建设的新型农业人才。新型职业农民是一个新的名词，也是一种新的代号，是指在农业产业结构调整过程中，农村经济快速发展态势下，出现的具有高素质（包括知识、科技、经营管理、法律、思想道德、身体）的从事农业或相关产业的职业者，可见新型职业农民在社会地位上有了较大的提升。有关新型职业农民在农村人口结构中的状况，如图5-1所示。

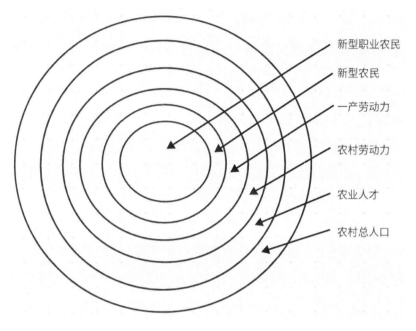

图 5-1 农村人口结构状况

因此，新型职业农民内涵中的新意包括两方面含义。一方面从"新型"角度，要满足农业现代化、生态化、网络化的背景下的新要求，一是爱农业，有文化、懂技术；二是会经营、善管理，具有市场意识，能够抵御风险；三是具有合作和创新意识。这是在现代社会行业分工和交叉对农民的新要求。另一方面从"职业"角度具备经营现代生态农业所必要的职业素养，包括职业责任感、使命感与诚信精神。

第二节 新型职业农民培育的意义及方向

一、新型职业农民培育的意义

大力培育新型职业农民，是深化农村改革、增强农村发展活力的重要举措，也是发展现代农业、保障重要农产品有效供给的关键环节。借鉴国外的城镇化过程和农业发展历程的经验，职业农民将是未来我国农业生产经营的主体。工业化和城镇化掀起了"民工潮"，农村劳动力纷纷涌进城市，导致农村农业劳动力短缺。培育新型职业农民将是回答"谁来种地"以及"怎样种好地"问题最好的答案。现代农业加快了生产向产前、产后延伸的速度，分工分业是大势所趋。因而，培育具有先进耕作技术和经营管理技术、拥有较强市场经营能力、善于学习先进科学文化知识的新型职业农民就愈发成为发展现代农业的现实需要。很大程度上，培育新型职业农民就是发展现代农业的现在和未来。

（一）培育新型职业农民是确保国家粮食安全和粮食供应的必要条件

农业是国民经济的基础，特别是对于中国这样的农产品需求大国来说，保障农业的安全更是促进国民经济健康发展和维持社会稳定的关键。我国虽然成功解决了 10 多亿人口的吃饭问题，但要把饭碗牢牢端在自己手里，仍然存在很大问题——主要农产品供求仍处于"总量基本平衡、结构性紧缺"的状态。因此，未来还是要依靠农民，特别是新型职业农民，以提高农业综合生产能力。

根据我国现阶段的实际情况来看，我国的城市人口不断增多，城镇化水平不断提高，国家经济水平得到了提升，人们对农产品的需求日渐增加，倘若农业队伍的生产方式落后，供求关系得不到解决，那么农产品的供求稳定就会出现问题。所以，加快培养新型职业农民，提升务农人员的整体素质，是保证国家的粮食供应和食品质量安全的必要前提。

（二）培育新型职业农民有利于促进农民职业化

当前，我国多地乡县务农者主要是妇女及老年群体，文化水平较低、劳动能力薄弱；而占进城务工人员总量一半以上的新生代进城务工人员（90 后），基本上没种过地，也不愿意回乡种地。因此，今后"谁来种地"、如何解决农业主体危机已成为一个重大而紧迫的问题，危及国家粮食安全，事关 14 亿人口的饭碗。

一直以来，我国的农民只是表明"身份"（且很大程度上是被动烙上的），并没有形成真正的职业。而培育新型职业农民将明确农民这一职业，明确职业的薪资待遇、社会地位和职业发展。

（三）培育新型职业农民是推动现代化产业稳步发展的重要因素

随着社会经济的发展，现代化产业链正在不断完善，农业生产经营方式在传统的基础上发生着转变，表现出更加多元化的发展趋势，农业机械设备和科学技术的应用更加广泛，以往较为陈旧的生产方式已经与现代社会的发展形势格格不入，落后的生产方式终将会被先进的生产技术所取代。现代农业经济体系的创建，是在先进生产理论的指导下，培养一批技术先进、管理性强、擅于经营的新型农民群体，新型农民将成为现代农业发展的核心力量。

此外，目前以家庭农场、农民专业合作社、创业农业、特色农业产业园区为特征的现代农业经营体系正成为未来农业生产的重要生产经营模式和发展方向，新型职业农民的培养将为现代农业经济体系的构建提供重要的人才支撑。

（四）培育新型职业农民有利于促进社会化大生产的发展

现代农业的发展是一种社会化大生产形式，具有规模化、标准化和集约化的特点。农业与市场的联系贯穿农业生产的前期、中期和后期。所谓的"社会化大生产"是通过"家庭经营＋合作组织＋社会化服务"这一新型农业经营体系来完成的，与传统农业自产自销、单打独斗的分散生产模式截然不同。新型职业农民是现代农业生产的中坚力量，支撑现代农业的发展，对社会化大生产至关重要。培养新型职业农民是推动现代农业社会化大生产快速发展的基础。

二、新型职业农民培育的主要方向

（一）专业化培育

对任何一类职业群体而言，专业化都是职业化的基础。新型职业农民的培育应将其基本特征和当前农业农民的发展现状结合起来，分区域、分层次、分对象对新型职业农民进行专业化培育。

（二）分区域培育

我国农业生产地区地貌差异较大，既有平原地区，也有丘陵山地地区，农业生产存在明显的地区差异性。因此，在对职业农民进行专业化培育过程中，应充分考虑到当地地势地貌，向职业农民有针对性地传授相应的农业知识和农业技能。例如，平原地区地势平坦，土地相对集中，且其交通运输、水利水电等基础设施发展较为完善，这些地区往往成为粮食主产区。与此同时，平原地区往往人口较密集，人均耕地量较少。因此，结合以上特征，可组织平原地区职业农民进行组织化、规模化和机械化生产，培育的重点集中在生产和机械化领域的职业农民，如种粮大户、家庭农场主、农机操作手，农业企业家及产业工人、农业合作组织管理人员等；在丘陵地区，地势高低起伏，整体海拔较低，坡度较缓，往往由于地下水和地表水供给而水量较为丰富，一般不适合发展规模化和产业化农业，但适合发展特色化农业，可重点培育与特色农业相关的职业农民，如农作物保育员、大棚蔬菜种植员、园林员等；而在山区，由于地形崎岖，交通基础设施落后、水资源相对稀缺，一般不适合规模化和特色化农业的发展，因此可重点培育与种养殖技术等相关的职业农民，如动植物防疫预防、林业技术培育、山地观光旅游等服务相关的职业农民的培育。

（三）分层次培育

当前我国新型职业农民的来源主体多元化，在家庭背景、年龄结构、文化素质、知识技能等方面的差异较大。因此，有必要对职业农民所需的农业生产经营知识技能进行分层培训。职业农民培育所需的知识技能一般划分为三个层次：一是基础知识，例如基础农业教育所涉及的农业文化知识、农业政策方针、农业科技文化知识及常用的技术常识等。二是专业知识与技能，即根据农业生产中过程中所涉及的关于生产、加工、包装及运输环节的具体需求，开展专业性知识和技能培训。三是核心管理能力，包括农产品生产加工、物流管理、经营销售和售后服务管理等方面，这一层次的培训主要针对服务类型的职业农民，如专业合作社服务人员、农副产品经纪人等。

（四）分对象培育

我国新型职业农民按照职业类型被划分为"生产技能型、经营管理型和技术服务型"三类，应针对每一种类型进行分对象培育。首先，通过农技培训班与实践相结合的方式，将传统的农民培育成生产型的职业农民。其次，通过农业技术职业学院等方式培养技术服务型的职业农民。该类职业农民分为几个阶段，对于初具生产型职业农民基本素质者，可以进行深化培训，进一步取得职业农民证书；对于已经获得职业农民资格证书的农民，则注重后续经营管理和服务等能力的培育。最后，针对经营管理型职业农民，可通过相应的农业人才引进优惠政策等吸引有志于促进农业发展的高素质人才加入，同时大力发展中高等农业职业院校定向培养该类高素质农业从业人才。

第三节　新型职业农民的知识需求及关键技术

一、视频信息获取技术

（一）摄像机获取方式

摄像机是将被摄物的成像转换成电视信号的设备，是电视节目和电视教材图像的最主要的信号源。摄像机常见的有肩扛式和手握式。肩扛式摄像机比手握式摄像机要重一些，拥有外加式电子寻像器，可以放在肩上借助手柄来操作机器。手握式又分双手式与单手式两种，双手式仅限于横扁体形的机器，而绝大多数则为单手式。目前，DV 摄像机都属于手握式机器，适用于单手操作。为了减轻操作疲劳，拍摄时最好使用三脚架。

1. 摄像原理

DV 摄像机主要由镜头、CCD、编码系统、记录系统四部分组成。

① CCD 是 DV 摄像机的核心部件，它用以完成图像的光学信号向电信号的转换。

②光学镜头：镜头直接决定了一台 DV 能看多远、能看多清楚、成像质量如何。

③光学变焦：光学变焦在一定程度上能够决定拍摄景物的远近。一般情况下，倍数越大，距离越远。

④记录指的是将已经转化为视频格式的信号存储在存储器中。

DV 摄像机的摄像过程：当按下快门时，镜头将光线汇聚到感光器件 CCD 上，从而采集到对应于拍摄景物的图像序列（视频）RGB.信号，转换到 YUV 空间，进行 YUV 为 4：2：2 或 4：2：0 的数字视频采样。接下来，对数字信号进行压缩并转化为特定的视频格式，如 MPEG，最后视频文件被存储在内置的数码存储器中。图 5-2 所示即为 DV 摄像机的摄像过程。

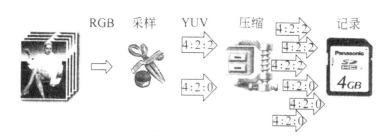

图 5-2　DV 摄像机的摄像过程

DV 摄像机的播放过程是摄像采集的逆过程，即把数字视频文件转换成模拟视频信号输出到电视机上进行显示或输出到录像机记录到磁带上。首先，存储卡中的视频文件经过解压缩解码，并按照 YUV 为 4：2：2 或 4：2：0 的数字视频采样进行还原，接着将 YUV 信号转换为 RGB 信号，并且沿时间轴连续播放。其过程如图 5-3 所示。

2. 获取视频

摄像机主要通过接口与计算机相连，目前，使用最多、最频繁、最广泛的接口是 USB 接口和 DV 接口。

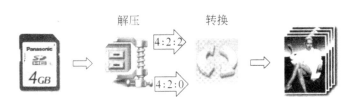

图 5-3 DV 摄像机的播放过程

（1）通过 USB 接口获取视频

现在很多品牌的 DV 拥有 USB 接口，这样的好处是可以利用电脑的 USB 接口来传送数据，从而节省成本。SONY 公司将这一技术称为 USB STREAM（影像流），利用这一个功能，可以用普通的 USB 线连接电脑和 DV 机。不过对于这种连接方式，需要另行安装 SONY 的 USB 驱动程序。

驱动程序的安装与软件的安装操作一样，安装完毕后，将充电器电源连接摄像机，将摄像机的"POWER- 电源开关"设定为"VCR- 放像"，用 USB 连接线将摄像机与电脑相连接，电脑自动检出摄像机，接着就可以进行图像和视频的编辑操作了。

（2）通过 DV 接口获取视频

通过 DV 接口与计算机上的 1394 接口相连，打开编辑视频软件，可直接采集视频。下面我们以此为例，结合 Premiere 视频编辑软件，介绍一下使用 1394 接口采集 DV 视频的方法。具体操作步骤如下：

①将摄像机连接到 IEEE 1394 接口，打开摄像机的电源，并将摄像机设置成播放模式（VTR 或 VCR）。

②单击"开始"→"程序"→"Adobe"→"Premiere"命令，启动 Adobe Premiere 应用程序。

③单击"文件"→"采集"菜单命令，进入"采集"对话框。

④在"影片采集"对话框右侧的"设置"选项卡中，单击底部"编辑"按钮，出现"参数选择"对话框，设置采集数字视频文件的存储路径，一般设置时应将视频采集到读取速度最快的硬盘上。

⑤单击"影片采集"对话框下方的"采集"按钮，开始进行采集，按下键盘上的 ESC 键就可以停止采集。这样便可以采集一段 AVI 文件。

（二）媒体播放器获取方式

通过媒体播放器获取视频信息比较简单，这里不再赘述。

二、数字音频获取技术

（一）录音机获取音频

利用 Windows 的录音机应用程序可获取数字化音频。一个专业录音棚的基本设备构成如图 5-4 所示。在录制声音前，首先进行准备工作，在 Windows 控制面板中找到"声音和音频设备属性"对话框，选择"将音量图标放入任务栏复选框，并去除"静音"复选框。然后，单击设备音量中"高级"按钮，在"音量控制"窗口中选择"选项"→"属性"→"麦克风"选项（否则不能进行话筒录音），并取消"静音"设置。

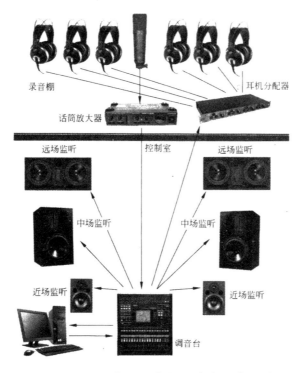

图 5-4　一个专业录音棚的基本设备构成

（1）启动录音程序

单击 Windows 桌面的"开始"按钮，选择"程序"→"附件"→"娱乐"→"录音机"命令，启动该程序进入"声音"→"录音机"界面。

（2）录音操作

启动"录音机"程序后，单击"录制"按钮就可以开始录音，录音结束或单击"停止"按钮，打开另存文件窗口，选择文本路径，输入文件名，单击"确定"按钮结束录音操作。单击"播放"按钮就可以播放录制的声音文件。

使用这种录音方法，"录音机"程序只能录制 60 s 的声音，若要录制超过一分钟的声音则需要使用录音机提供的"减速"效果来实现。具体操作时，首先打开"录音机"程序，录制一段60秒的空白声音，然后选择"效果"→"减速"命令，这时录音窗口显示的长度变成120秒，重复此操作，直到录音长度满足要求为止。然后单击"移至首部按钮"开始正式录音操作，即可获得满意的录音长度。

使用的Vista操作系统中的"录音机"程序可录制任意长度的音频文件。

（3）录音参数设置

"录音机"程序提供了录音文件声音质量、保存的文件格式的设置功能。在录音机主菜单"文件"选项中选择"属性"选项，然后单击"立即转换"按钮进行参数选择。

（4）声音的合成

在使用"录音机"程序录制多个音频素材文件后，常常需要将素材文件进行混合和拼接。Windows"录音机"程序具有将两个或多个WAV文件混合和拼接的功能。

例如，要制作一个配乐诗朗诵，首先利用录音功能录制朗诵诗歌的音频文件，并搜索下载一个背景音乐（必须是WAV格式），然后播放朗诵诗歌的音频文件，当播放到需要穿插背景音乐的位置时，单击"停止"按钮，然后选择"编辑"→"与文件混音"命令，在弹出的窗口中选择相应的背景音乐文件，就可以将两个声音文件从当前位置混合在一起。

将两个WAV文件拼接成更长的声音文件的操作与混音操作类似，只须在播放一个音频文件的适当位置，单击"停止"按钮，然后选择"编辑"→"插入文件"命令，在弹出的窗口中选择拼接的音乐文件，单击"确定"按钮就可以将这个声音文件从当前位置插入到第一个声音文件中。重复此操作，可以将多个音频文件拼接到一起。

（二）抓取CD、VCD和DVD音轨

一般的音频工具软件都具有直接抓取音乐CD的功能，而另一些软件则可以从更多媒体格式中抓取音轨，如WaveLab 5.0版既可直接抓取音乐CD又可以抓取音乐DVD中的音轨，国内的"豪杰超级解霸"软件提供了直接抓取音乐CD、VCD或DVD光盘等格式音轨的功能。最近上市的豪杰超级解霸9.0版支持更为全面的音轨抓取能力，可从DVD、VCD、RM/RMVB、AVI、MPG、MV等音视频混合的媒体中提取音频信息，并保存为一种称为DAC高音质压缩格式或WAV、MP3格式的声音文件。

需要注意的是，在使用抓取音轨来采集数字音频的过程中，应该遵守有关法律规定，取得相应的使用权，避免以后出现知识产权纠纷。

（三）从网络或素材库中获取

随着Internet的快速发展，网上的音频资源非常丰富。许多门户网站都提供了专门的

音乐检索频道。但是在浩瀚的网络海洋中，要想快速地找到自己想要的音频素材不是一件容易的事情，很多网站都提供搜索引擎服务，可以方便快捷地让用户找到自己需要的音频素材。目前，主流的搜索引擎，如百度、谷歌、搜狗等，基本上都提供专门的音乐搜索。

但是，搜索引擎也存在一定的局限性，很多音频资源不一定可以通过搜索引擎查询到，搜索引擎对找到的音频资源也没有很好归类，这就需要用户自己进行逐个筛选。为此，网上有专门提供音频素材的网站，这些网站比搜索引擎更有优势，受到了广大音乐用户的钟爱。

还有不少用户建立并拥有专门的本地或者远程音频素材库，从中可以获取丰富的音乐资源。例如，公司内部建立的音乐网站，宿舍楼或小区内的音乐 FTP 站点，等等。

第四节　新型职业农民培育的有效路径探索

一、发展新型职业农民培育的多重模式

（一）校企合作

新型职业农民的培育不只是政府或是职业教育机构所需要关注的问题，更是全社会上下都应该给予关注的问题，甚至需要资源上的补助。农民的发展关系到农业的进步，从而影响全社会向前迈进的步伐，可见农民职业教育问题是社会问题。为了推动新型农民职业教育培训工作，众多涉农企业与职业院校分别利用自己手中拥有的资金优势以及教育优势，创建出新时代背景下的校企合作的培训模式，并将这种方式作为农民综合素质提升的重要路径。

校企合作指的是在新型农民培育方面校园与企业联动。这种培育模式以立志从事农业行业的在校学生、务农农村青年以及返乡农民工等年轻的农民群体为主要培育对象，教育机构与企业一起制定农业人才培养目标以及确切的培养方案。在教学理论内容方面，采取多学科交叉的方式，促使农民全面发展。在教学实践方面，双方合作建设新型职业农民创新创业实践实训和孵化基地，共同推动创业实训和创业孵化。在教育管理方面，采用校企双方共同管理的新模式。从培育对象、教学内容、教学实践，教学管理四个大方面去构建职业农民的培育新模式，使其适应我国现代农业发展需要，为实现农业集约化、适度规模化生产打下坚实的基础。

1.以实训为基础的培养模式

实训基地是培养农民实践操作能力的重要平台，可有效提升农民的整体综合素养，不但有助于农民通过定期培训解决生产中遇到的实际问题，还能提升他们参与培训的积极性，更好地投身于后期深层次的培训。院校应针对农民在果蔬、粮农生产过程中遇到的各种问题加以总结分类，在院校实训基地进行现场培训。职业院校可充分发挥生产示范与人才培训基地的作用，结合现场讲解与影音资料，提升农民的整体技术水平。培训时应尽量安排小规模培训模式，培训周期应控制在1~2个月。

培训还须结合农民的业余时间与农业基地作物的生长状态，这样才能保证培训的准确性和目的性。如果是经营管理或其他技术性较强的非农专业，则只侧重用培训人员业余时间做安排。

2.专业教师下乡培训模式

新型农民培训可针对不同农业生产基地，组织院校专业教师下乡培训。这种走基层的现场培训可以解决农民当前面临的实际问题，同时，专业教师还能结合生产实际，将新技术、新产品信息及时传递给农民，这种互动交流咨询的方式能提升农民的整体技术水平和文化素养。例如，院校组织教师进行秋季下乡培训，可以直接指导果农的水果采摘技术，这样能较好地保证水果的品质；春夏季节的下乡培训则侧重于苗木的病虫害防治，结合当前主要发病情况做好针对性的防治，这样不但解决了当下农业生产中遇到的问题，提高了生产效率，还提升了农民的专业技能。

3.结合项目开展培训的模式

院校是职业教育的主阵地，可结合科研项目推动新型农民培训工作，这不仅有助于研究项目的顺利开展，还能发挥院校人才优势，更好地将先进科学技术应用到农业生产，将科研成果与农业生产有机地结合到一起。虽然农民生产具有较强的实践性，但缺乏系统的科学技术理论，结合项目开展培训将实践与技术理论结合起来，将会对农业生产产生更大的推动作用。

（二）精准定位

新型职业农民培育模式的建立要基于现实的客观条件以及社会经济发展的背景。不同的经济发展区域都会有当地的社会背景，那么职业教育模式就要以当地的经济发展现状为最基本的出发点，其模式要符合现有的经济条件，保证农民职业教育的一切实践活动能够满足当地的经济需求，并且具有当地的经济特点。

新型农民群体虽然同属于新型"留守农民"，但其也可根据年龄、教育背景以及具体从事的农业工作细分为不同类型的农民群体。不同类型的农民群体具有不同的特征，其对职业教育培训的需求与目的也有所不同。为了更好地满足不同农民群体对技能与专业知识的多样性需求，将职业教育机构的培训内容做好分类设置，这样不同的职业教育机构面对的将是不同特征的农民。农民也可以在适应自己的实际水平且能满足自己对职业教育需求的专业机构进行教育培训。

（三）鼓励创业

近年来，国家大力支持自主创业，为此颁布了众多政策。对于新型农民来说，这是机遇也是挑战。创业需要从业者有扎实的创业理论知识，同时也具备丰富的实践经验。新兴农业的发展需要新型农民群体积极主动走上创业的道路，推动农业产业化升级以及农村地区全面的发展。

该模式具体是指以提升农民创业能力为主要教学目标，从全方位、多角度去设计职业教育的培训内容，通常采用集中培训、实习考察以及创业设计等多种教学方式，一方面培养农民的基本创业技能，另一方面注重综合能力和素质的培育。该模式的最大优势是给予农民群体新的从业方向，并且充分利用农业现有的资源开展农业领域的创业实践，从而推动地方产业的蓬勃发展。此模式的应用范围相对狭小，多适用于整体经济水平中等偏上的省份。

（四）技术引领

随着互联网技术的发展，信息共享成为促进社会发展的动力之一。借助互联网传播、处理加工速度快的优势，职业教育模式创建了网络教学平台，不仅促进了职业教育资源的共享，还提高了教学效果与质量。技术引领下构建的培育模式具有系统化、数字化的基本特征。

例如，可以利用远程教育资源开展技术培训。远程教育多用于成人教育，该方法可最大化地放大媒体、互联网与通信技术的优势，同时降低相关人员的时间和费用。远程教育模式应用于新型职业农民培训是模式的创新，还为提升新型农民培训效果提供了良好的技术平台。由于该模式具有覆盖面广、灵活多样的优势，农民参加学习的时间不受时间与地点的限制，这样可充分发挥学习者的自主性。远程教育应用于新型农民培训应有的放矢，既要保证培训的全面性，还需要考虑到学习者的接受能力。因此，远程教育应用于新型职业农民培训应遵循通俗易懂、喜闻乐见的基本原则。农民在学习农业科学技术和理论知识的同时，还能获取与之相关的农业信息，学到与之相关的经营市场理念。为保证新型职业农民培训的层次化，院校应建立社区形式的终身学习平台，学习平台中既要设有基础的计算机课程，还要设有涉农课程与实用技术课程、交流平台等。同时，平台建设还应侧重于观光农业、休闲旅游农业的开发和建设，突出现代化农业的特点。新型职业农民培训的课程应包括种植、水产养殖、畜禽养殖、经济管理等主要模块。为保证课程的生动形象、简单易学，授课手段应多样化，增加 PPT、视频等多种形式。

另外，还可以通过农业技术人员开展培训。农业技术人员是农业科技推广的带头人，是农业技术推广与传播过程中的纽带，为农业技术推广起着促进作用，他们的能力直接影响着农业技术水平，是发挥农业成果产值转化效果的有力保障。因此，只有不断提升农业技术人员的综合素质，才能让这些人员在农业生产与经营管理方面发挥出其应有的作用。职业技术院校应对农业技术人员做好龙头培训工作，并定期进行培训考核，除此之外，还需要做好有关培训技巧方面的指导工作，帮助农业技术人员到基层农民群众中顺利地推广生产技术。

二、拓宽新型职业农民培育的思路

（一）分层次培育各类新型职业农民

新型职业农民同其他产业一样，也包括管理、技术和服务三个层次。

一是培育新型职业农民中的"白领"，主要指农业龙头企业经营者、农民合作社领办人等农业经营管理人才。这类职业农民不但具有丰富的见识和阅历，较强的经济实力和创新能力，还应有较强的社会责任感和凝聚力，能够带领农户组织实体开展区域行业的协调与产业化经营。

二是培育新型职业农民中的"蓝领"，即种植能手和养殖能手。职业农民的蓝领积累了丰富的种植、养殖管理经验和技术，通常被称为"土专家"，这一群体既要传承传统农耕技术和农耕文化，也将作为将传统农业与现代科技相结合提高农业效率的主要载体。

三是培育服务型职业农民。包括从事于整个农业再生产环节的农资供销、农机作业、植保防疫以及运储加工等社会化服务人才。

（二）分类别明确新型职业农民培育模式

对不同类型的职业农民应分区域、分产业开展灵活多样的培训，制定有层次、有针对性的培训内容，对职业农民的培育从临时型、短期型、技能型和就业型向规范型、终身型、职业型和创业型转变。对于重点培育对象，应依托政府有关部门，通过院校培育、远程教育或创业扶持等形式，以道德规范、创业能力和职业素养为主要内容，培育新型创业型和经营型的职业农民。对"生产经营型"和"技术服务型"职业农民，应依托农业园区、推广机构或科技项目，通过半市场化形式，以农业科技、职业技能和经营管理能力为主要内容，培养科技型、推广型和服务型的职业农民。对于"种养能手"，应依托农民合作组织、协会、农业企业，以农业标准化生产、农产品流通、经营管理技能为主要内容，培训适应农业产业化和企业发展的实干型人才。在对职业农民分类的基础上还应区分不同区域、不同产业的培育模式。综合考虑不同地区在经济、人文和农业资源方面不同的地域特征，以及不同产业产品在技术特性和产业链不同环节的独特性质，制定适应不同需求的差异性职业农民培训新模式。

（三）强化新型职业农民培育激励机制

一是在目前普惠制农业补贴制度基础上，侧重于新型职业农民专享的创业兴农、风险支持、劳动保障等综合性扶持政策，使有意愿且有能力的新型职业农民真正享有更多政策支持。通过农业准入制度的执行，使职业农民资格作为享受农业补贴以及金融信贷等扶持政策的有效条件，使农业更具吸引力，进入有门槛、经营有收益、收入有保障、职业有尊严。

二是明确合理范围内新型职业农民的优先待遇。比如：土地流转中鼓励土地优先向新型职业农民连片流转；新增惠农政策上优先享受扶持政策；在项目编制和申报上，新型职业农民申报中央、省级农业扶持项目可适当优先；在融资借贷和保险上，优先享受信贷扶持政策和农产品保险政策；优先增加财政强农资金经费投入等。

三是针对新型职业农民所处的各类新型农业经营主体的不同发展阶段，研究阶梯性扶持政策，明确各阶段的扶持重点。比如，在发展初级阶段，基础设施、信贷担保、土地流转等问题作为重点扶持政策，而在成长成熟期，政策上应着力解决农产品质量安全以及品牌建设等问题。

三、提升新型职业农民培育的产业化与组织化

（一）新型职业农民培育的产业化

1. 与特色主导产业发展相结合

新型职业农民要想使其收入增加，最终走向致富的道路，就务必要把特色主导产业作为主要产业。也务必要加快推进农业产业化经营。只有先有了主导产业，农民才有可能在农村发展生产，农民才能在特色主导产业中将经营理念提升，农业产业链延长，农产品附加值增加，农业产业规模扩大，农产品市场竞争力增强。使农业抵御自然灾害的能力不断增强，抵御市场风险的能力不断增强。新型职业农民专业化的技术岗位针对农民的素质技能提出了更高的要求。通过培训农民专业技能，培训以产业需求为中心，培训在产业链中不断成长起来，为产业的发展以及产业的扩张源源不断地提供人才支持。

2. 与新型经营主体建设相结合

现代农业发展推进的核心是加快培育新型经营主体，现代农业发展推进的基础也是加快培育新型经营主体。一些新型经营主体（如家庭农场、农业产业化龙头企业、种养大户、

农民专业合作社、农业社会化服务组织等）在近些年来出现了很多，并成为发展现代农业的主导力量。新型经营主体通过对各种生产要素进行科学组合和集约利用，使得生产成本大大地降低了，交易成本也大大地降低；新型经营主体把生产前的服务和生产后的服务都看得很重要，交给农民的只有生产环节，这样一来，既消除了农业生产中的技术风险、市场风险、决策风险，还降低了新型职业农民的成长成本，我国农业商品化程度低和农产品市场一体化程度低的问题得到了有效解决。这对新型职业农民的成长非常有利。

3. 与农民教育培训专门机构建设相结合

由于新型职业农民培育与国家战略有关，属于公益性质，政府高度重视，为此：一定要有一个稳定机构将其落实下去。

（1）规划

关于新型职业农民的培训，由于新型职业农民的成长不一样，区域也不一样，就要具备从上而下的专门机构为其制订详细的培育计划，这些计划不光要有具体措施，也要有战略，有指导思想，重要的还要与产业布局相结合。

（2）协调

新型职业农民培育需要对农业教育资源进行组织和整合，要将农业院校和科研院所以及推广部门的作用充分发挥出来。

（3）调控

关于资金、人数和服务，要依据国家的战略和政策的目标来进行调控，对土地流转、农业保险、社会保障、技术推广等部门之间的配合进行协调。

（4）检验、管理和服务

对于新型职业农民来说，一定要将他们培育后的跟踪服务加强，而指导服务也要加强。当新型职业农民在实践中遇到一些困难和问题的时候，一定要积极地引导和指导他们，使其今后可以独立克服困难。

4. 以市场为导向

现代农业产业化的特点是要把农产品生产。加工、销售相整合，实现农、工、商一体化，这要求职业农民的经营方式必须由自给自足的小农经营转变为以市场为导向的产业化经营。为此，要将职业农民培育成为会经营、善管理的具有企业家精神的市场经济主体。相应地，应该培育职业农民的市场意识，使其参与市场竞争，以开辟新的市场空间；增强其获取营销知识和进行决策的能力；提高农产品生产经营领域的创新意识和管理水平，培养全局性，战略性的经营思维，在更高层次上实现农业生产要素的优化配置；通过调整生产结构，发展多层次、多元化和多地区的各具特色的生产组合。

（二）新型职业农民培育的组织化

1. 新型职业农民联合与合作的必要性

传统的农民圈于分散、封闭的小农生产方式，分工主要限于家庭内部，对农业的社会化服务需求较少，因而其组织意愿和组织能力较弱，难以支撑现代农业的发展。相反，新型职业农民专注于农业产业链的特定环节，专门从事农业生产经营的某个领域，分工分业特点明显，因此为了协调合作，新型职业农民需要具备组织能力。此外，作为理性经济人，新型职业农民从事农业生产的主要动力是尽可能多地获取利润，因而其生产经营主要以市场需求为导向。为了应对瞬息万变的市场需求。降低交易成本和经营风险，职业农民必须掌握足够的信息资源，因面联合起来构建不同的农业经济组织是必然的选择。

2. 农业经济组织是新型职业农民培育的重要载体

市场化是新型职业农民发展的关键环节。面农业经济组织以市场为导向，是农业生产直接与市场对接的重要渠道。依托农业经济组织，个体职业农民能够提高生产能力、抗风险能力和信息获取能力。从而提高其市场化程度。此外，新型职业农民的本质属性决定了农业产业化、市场化水平较高，土地规模化、机械化经营较普遍的地区会率先出现职业农民。很多农业经济组织是伴随农业产业化、规模化、农民职业化出现的组织形态，因而有利于组织开展各种职业农民教育和培训工作。不仅如此，农业经济组织往往是根据当地的农业产业链环节和农民从事的具体农业经营来构建的，既符合当地农业发展的实际情况，又与当地的农业生产密切挂钩、因此以农业经济组织为载体培育新型职业农民可以做到有的放矢。

四、依托新型职业农民培育的现代农业园区

在开展新型职业农民培训中，依托现代农业科技示范园区，建立职业农民培训基地。由院校专家教授和园区技术团队组建职业农民培训师资队伍，对种养殖专业大户和科技示范户。农业龙头企业和合作经济组织负责人、返乡创业农民等，开展系统性、专业化培训，为现代农业发展提供人才智力支撑，在新型职业农民培训领域进行有益的实践与探索。

（一）依托现代农业园区的科技示范园（场），建立职业农民培训基地

在推进现代农业园区建设中，按照"建一个农民培训基地、办一所农民培训学校、带动一个产业开发、促进一方经济发展"宗旨，把开展职业农民培训作为首要任务，在园区设置培训教室和实验室，周边建设科技试验田，示范园、养殖场，再聘请农业科技专家在园区进行科研和技术培训，现场指导和大田示范。这种专家教授和技术团队对农民面对面讲课、手把手指导的现场培训，从而可以实现专家与农民的有效对接。农民看得见，摸

得着、学得懂、用得上。现代农业园区不仅成为科技成果创新、农业新技术推广的基地，还可以成为设在田间地头，农业产业带上，对职业农民开展现场培训的基地和课堂。

（二）在现代农业园区辐射带动的产业区域，开展系统性的专业培训

为加强实践教学，提高培训实效，在畜牧业、特色果业、设施蔬菜集中产区。依托农业科技示范园（场）、专业生产基地、畜牧养殖小区等，建立职业农民培训课堂。针对农民发展产业的科技需求，进行专科讲授和实践演练。按照农牧业和区域特色产业的生产周期，把所需的专业生产知识和技能集成整理，形成系统性的产业培训教材，专业培训不少于150学时，理论知识与实践操作紧密结合，完成培训后将达到新型职业农民（高级奶农、高级果农、高级菜农）的专业要求。

（三）以现代农业园区为主导，推进职业农民培训科学化和规范化

现代农业园在开展新型职业农民培训工作中。对培训教师的要求是既能讲授理论知识，又能实地演示操作技能，园区聘请院校专家教授担任首席专家，领衔新型职业农民培训工作，以园区的技术团队为主体，吸收农业生产第一线脱颖而出的"土专家"组建合理的教师队伍。除在主导产业的集中产区开设培训课堂外，根据生产季节，采取向学员赠送技术手册、发放技术光盘和技术资料、现场解答问题等形式，帮助农民更好地掌握和运用所学的知识和技能。参加学习的职业农民完成全部培训内容后，对学习绩效和教学工作进行评估。通过考核评估，分别授予农民高级奶农、高级菜农、高级果农资格。

（四）将园区专业培训与新闻媒体宣传进行有机结合

广播电视等新闻媒体为农民科技培训提供了广阔的发展空间和有效的传播途径。在园区开展职业农民专业培训的同时，也要充分发挥新闻媒体的宣传作用，创办农民培训专题栏目。坚持"面向农村、突出科技、注重实用、服务农民"的宗旨，按照农事季节，因时因地制宜，对农业科技新成果，农牧业新品种，种养殖实用技术和先进的致富典型，制作农业专题片，在电视台宣传播放。

五、完善高等院校新型职业农民培育的制度观念

由于我国新型职业农民培育良性运行机制还不够完善，我国新型职业农民的培育还要根据不同经济区域，不同产业领域，不同的培训目标选择不同的培育模式。[①]

高等农业院校必领全面贯彻党的教育方针，坚定服务"三农"的决心不动摇，可着重从四个方面来满足培有新型职业农民的需求：

---

① 赵帮宏、张亮、张润清：《我国新型职业农民培训模式的选择》，《高等农业教育》2012年第31卷第4期。

第一，高等农业院校应肩负起为农业现代化和新农村建设培养专业人才的重任，深化体制改革，积极改进办学模式，健全机构设置，加强组织领导，为涉农学科服务于新农村建设提供组织保障。[①] 拓宽直接面向农民的高等教育办学领域，者力培养新农村建设急需的理论与应用型人才。

第二，高等农业院校应对基础研究和应用研究采取"两手抓，两手都要硬"的策略，既发挥高新技术在农业领域的引领作用，又可以使高新技术被农民所迅速掌握，打造真正具有先进科技理念、掌握先进知识，熟练运用先进技术的新型职业农民。

第三，为培育出具备一定经营管理素质、掌握一定经营管理知识和技能、组织并带领农民参与市场经营活动的新型村干部及农业带头人，高等农业院校应建立多层次、多渠道的培训模式，促进农村干部队伍及农业带头人业务素质、管理水平和决策能力的提高。

第四，结合新型职业农民在新农村建设过程中的具体需求，进一步完善高等农业院校服务新农村建设的内部机制。[②] 结合实际进行人事管理、科研组织、社会服务以及人才培养等方面的综合改革，制定相关约束、激励等管理运行机制，锻炼科研队伍，促进学校教学观念的改革。

高等院校作为高等教育的重要组成部分之一，承担着高端技能型人才培养、科学研究、服务区域经济社会发展的重要职能，具有鲜明的职业性和显著的区域性的特征。高等院校服务地方经济，特别是服务"三农"的作用显得非常重要。为现代农业培养高端技能型的、本地化的、具有较高文化素养和较强市场竞争意识的新型职业农民，成为高等院校的历史使命。通过高等院校培养新型职业农民，不仅可以提高农民的整体素质，为社会提供更多的实用人才，同时也是高等院校自身得以发展的需要。高等院校培养新型职业农民，主要应从三个方面进行。

（一）健全培训制度，完善施工建设

高等院校与新型农民的对接，应该与当地农民实际情况相结合，依据自身的科研能力以及师资力量，制订出与当地区域发展相适应的新型职业农民培养计划，合理使用政府所批资金，确保新型职业农民培养工作的顺利进行。

与此同时，高等院校要配合政府机构的监督管理工作，创建新型的教育培训小组，制订出合理的区域管理计划，经过相关管理者的指导，落实具体的计划和方案。领带小组高度负责，协调机构有效沟通，实施部门强力落实，以确保新型职业农民培养工作的全面推进。

---

① 陈玉江、张国才、王文东等：《古林大学涉农学科服务于新农村建设的实践与思考》，《农业科技管理》2012年第31卷第4期。

② 丁林志：《试析高等农业院校服务新农村建设的功能与措施》，《高等农业教育》2010年第2期。

（二）创建培养新型职业农民的新模式，优化人才培养方式

1. 创建农民专业培训班

高等院校根据农业发展对技术人才的需求，发挥高等院校师资和科研资源的优势，开设农民大专班，为新农村建设培养和输送高端技能型农业技术人员。

2. 优化职业农民培养方式

高等院校在培养新型职业农民的过程中，应不断优化人才培养方式。例如，开设农业生产、经营知识微课堂，采用翻转课堂等方式开展投课；建设农民培养专题网站，通过网站实现远程授课、在线答疑和在线技术指导；探讨短期培训与长期学历教育相结合的人才培养机制，实施现代学徒制、弹性学制等新的人才培养模式和培养理念。

3. 定向培养大学生

培养新型职业农民，可以从高素质的大学生里挑选出进行定向培养。该模式由政府作为主导，通过高等院校自主招生的合理制度，在高等院校的招生计划中结合当地农村的实际情况，设立培养新型职业农民的专业。与此同时，政府可以适当地给予选择此专业的大学生一定的津贴，保证高等院校培养高素质的农业技术人才顺利进行。

（三）转换落后观念，培养新型职业农民

高等院校作为承担我国专业人才培养的重要基地，一定要摒弃陈旧的培训理念，树立先进的培训理念，结合当地农村的实际情况，采用适宜的培训模式，多角度、多渠道、多样化地对农民进行培训。同时，政府应加大对职业农民和培训机构的扶持力度，让农民经过专家的指导和有效培训，将先进的技术和先进的现代化理念实际应用到农业生产中，推动农产业发展。

第六章　互联网环境下的农业经济发展创新模式

"互联网+"现代农业是指具有信息高速公路支撑的现代农业，也就是以互联网为代表的先进信息技术广泛应用于现代农业各种过程（生物、环境、技术、经济）、各结构要素（种植业、林业、畜牧业、渔业、加工业）以及各部门（生产、科研、教育、行政、流通、服务），通过人—机—物互联互通，推动现代科学技术、现代工业装备、现代管理理念和方法的农业应用进程，促进科学化、商品化、集约化和产业化，实现高产，优质、高效、生态、安全的目标。"互联网+"将切实推动农业的科学化、集约化、产业化和商品化，加快传统农业向现代农业的转化进程，开启农业经济发展新模式，可为现代农业插上梦想的翅膀。①

第一节　"互联网+休闲农业"模式

一、休闲农业的内涵

休闲农业是指利用农业田园景观、自然生态和环境资源，以农、林、牧、渔业生产和农业经营活动以及农村文化和农村家庭生活为依托，以休闲为特色，以增进人们对农、林、牧、渔业及农产品的生产加工、农业经营活动、农村文化生活等体验为目的，吸引消费者前来观赏、品尝、购物、劳作、体验、休闲、度假的具有生产、生活、生态"三生一体"特点和一、二、三产业功能特性的新型产业形态。

休闲农业通过对农业资源潜力的深度开发，能够增加农民收入、调整农业结构和改善

---

① 曹宏鑫：《互联网+现代农业 给农业插上梦想的翅膀》，南京：江苏科学技术出版社，2017年，第15页。

农业环境。在综合性的休闲农业区，游客不仅可观光、采摘、体验农作、了解农民生活、享受乡土情趣，而且可住宿和度假。

休闲农业是一种新兴产业，区域农业与休闲旅游业有机融合并互生互化是其本质。休闲农业主要围绕"农"字做活农业旅游：体验"农"的氛围、参与"农"的生活、享受"农"的风情、感受"农"的文化、接受"农"的教育，充分挖掘农业农村中"农"的内涵。

由此可见，休闲农业是以深入开发具有旅游价值的农业资源与农产品为前提，把农业生产、科技成果转化、艺术文化导入和游客参与融为一体的农业旅游活动，是一种生产、生活、生态"三生一体"的多功能性产业，其目的是结合休闲，盘活农村资源、促进农业转型、扩大农村就业、提高农户收益、繁荣乡村经济。

其实，休闲农业就在我们身边。下面，举二三例加以说明。

梅家坞坐落在杭州市城西山区，是国内有名的龙井茶产地。过去这里的村民靠采茶、制茶、卖茶维持生活，原始的生产方式效率低、收入微薄。近年来，当地大力发展茶楼形式的农家乐旅游，沿公路居住的村民家家户户都在开办农家乐茶楼，这一举措取得了良好的成效，有效地改善了村民的生活条件，提高了村民的生活质量。

杭州萧山蜀山亚泰养殖休闲山庄位于杭州市萧山区水产养殖区内，这里自古以来就是鱼米之乡，拥有连片的鱼塘、肥沃的土地。这里出产的肥鱼涌入了周边各市大大小小的水产市场，但是单一的水产养殖业和过于集中的竞争使这里的农民收入屡受市场价格波动的影响，不甚理想。亚泰养殖休闲山庄第一次把休闲旅游和生态养殖观念引入了水产养殖业，在吸引旅游资源的同时，把亚泰生态养殖的理念传播开来，用"亚泰"的品牌影响力引领着萧山区水产养殖业的产业化。

蓝调庄园位于北京市朝阳区金盏乡楼梓庄村南，隶属于朝阳区商业中心板块，区位独特且交通便利。庄园内土地平整，种有蓝莓、草莓等水果，并拥有天然温泉资源。蓝调庄园有别于其他农业生态园和郊野观光园，它是一种以身心愉悦、放松、享受和高端消费为特征的田园会所性质的休闲农业庄园。其主要景点有"私密园"温泉区、蓝莓种植区、"爱的伊甸园"景观区。"私密园"温泉区采用独立空间设置，营造自然生态环境，尽显高端华贵。蓝莓是项目地所种的水果之一，电影《蓝莓之夜》中的浪漫爱情故事，为蓝调庄园渲染了浪漫的氛围。"爱的伊甸园"景观区用花草（秋冬季节用夜光灯替代花草）拼成"I love you"字样的大地景观，并设有求婚台、求爱台等，营造浪漫的氛围。蓝调也称布鲁斯（Blues），是源于美国的一种音乐形式，传达着一种优雅、深沉的气质。现在，人们多用"蓝调"形容一种生活方式，表达一种浪漫、恬静、与世无争的意境。蓝调庄园就是运用了这种理念，通过设立"布鲁斯餐厅""蓝调派对吧"等，将蓝调的意境进行到底。

蓝调庄园还根据季节的不同推出不同的水果，并自创了"水果时刻表"，提倡大家按照季节，跟着"四季果庄"一起吃水果。

上面是休闲农业的代表性发展模式：农家乐—休闲山庄—休闲农庄。休闲农业是城市化、科学技术、经济发展到一定阶段的产物。从产业成长的角度看，由于休闲农业在我国大陆尚处于起步阶段，"休闲农业"在用语上并不统一，叫法五花八门。但从总体看，近年来"休闲农业"这一术语慢慢开始被认同。关于"休闲农业"名称的提法，较常见的有"观光农业""休闲观光农业""创意农业""都市农业""旅游农业"以及"乡村旅游"等。鉴于此，我们认为这些术语在一定程度上是可以互换的。

二、"互联网＋休闲农业"的转型升级模式

休闲农业要经过互联网的导入，将物联网和大数据结合起来创新打造新的发展模式，将第一产业与第三产业高度融合，在农业产品的土壤上开发农业性精神产品，实现农业与服务业的跨产业连接，创新一个全新的业态。在"互联网＋"的推动下，休闲农业将转型成为智能化经营、用户个性化体验、全方位服务的农业新形态新发展。以互联网作为媒介，创新新型休闲农业模式，通过物联网、大数据、云端智能，构建全新的产品经营与营销模式，实现休闲农业模式创新升级转型。

（一）用互联网思维的"搭平台"，升级农产品经营模式

现如今是自媒体化时代，消除了人们时间与空间的局限性，这也在一定程度上为休闲农业经营、营销和宣传推广提供便利。休闲农业经营者可以利用多种社交软件进行互动搭配，与消费者构建信任体系，省去大量烦琐的中间环节，助力品牌推广和品牌树立。再则，休闲农业项目依托独特的自然条件，综合利用历史典故、产品知识、人文背景、城市文化等因素，用独特的农产品包装出更富有内涵故事的农业精神产品，与此同时再加以利用社会化媒体的 SNS 特性形成"蝴蝶效应"，迅速发展。休闲农业经营者只有与时俱进，增强互联网思维，充分合理利用多媒体平台，才能开拓独具特色的休闲农业，引领行业的改革，引发社会新休闲农业新风潮。

（二）利用大数据打造个性化体验

在互联网主导的数字化时代下，数以万计的用户信息被迅速收集和整合分析，打造专属用户体验。利用大数据分析洞察和掌握消费者的消费行为，预测出未来消费的走势。一方面，为消费者精准推送最满意的产品信息与服务，满足其个性化需求。另一方面，通过大数据分析可以实现休闲农业经营者对于经营结果的衡量、测评和调整，实现沟通的人性

化以及与顾客搭建良好关系，树立品牌忠诚度。

（三）创造性场景营销打造全方位服务

场景化营销是指品牌能从无到有，为消费者建构全新的使用场景，主动为消费者的需求和痛点提供有效的解决方案的一种新型营销模式。让消费者在物联网结合大数据构建的全新场景下以新的目光看待事物唤醒消费者的心理状态或需求。

现如今人们越来越追求更高层次的质感与个性化体验。应对休闲农业发展同质化的现状，需要经营者在保证优质化使用互联网、服务升级和保持软硬件的基础上，加强与消费者建立情感上的沟通，打造全方位的服务。休闲农业不仅仅要关注用户体验度，还应充分考虑消费者的精神需求。消费者体验农业活动后可以在休闲园区打造的后花园进行行业后的修养身心、在家庭聚会场所畅谈、在体验馆体验农产品的优质服务、在农村小型博物馆了解当地独特的农产品的生长演变过程等丰富多彩的体验活动。创造一切可以为消费者提供优质服务的形式，把休闲农业园区作为一个独特的场景，塑造人、时、空的融合模式，迸发出更多消费者情感需求的休闲农业价值，输出一系列农业产品精神开发，让消费者感受到不仅仅是体验美好的田园生活的愉悦，更是享受着互联网加大数据带来的便利。

（四）注重人才培养，吸纳新知青年成为休闲农业中坚力量

运用互联网思维和技术，顺应大众创业万众创新的热潮，吸引中产阶层投资和新知青年创新创业，让拥有先进思维与技术的人才加入休闲农业改革转型当中，成为休闲农业领域的强大后盾，创造出真正的现代化"互联网 + 休闲农业"。

第二节 "互联网 + 淘宝村"模式

一、农村数字经济：广阔市场

继我国网购市场规模突破一万亿元之后，城市网购市场增速日渐放缓，农村市场成为电商下一轮增长的新引擎。

阿里巴巴的电商平台完全构建在阿里云的云计算和大数据技术之上，基于阿里云的技术，阿里的电商平台爆发了惊人的力量。千县万村计划是阿里巴巴集团的一项计划，在3~5 年内投资 100 亿元，建立 1000 个县级运营中心和 10 万个村级服务站。

阿里巴巴集团总裁金建杭在 2014 年 9 月曾表示，美国上市后，涉农电商、大数据业务和跨境电商服务将成为阿里集团未来的三大发展方向。此次率先启动的涉农电商打了头阵，正是这三大方向的重中之重。

2014 年 7 月，阿里召集了全国 26 个省份的 176 个县（市）的书记、县（市）长，召开了"县（市）长大会"，其中一个重要议题是如何让县域电商发展壮大。近五年的数据显示，县域电商已经从以江浙为代表的华东"单一区域增长"为主，转向华东、华北、华南、华中"多极增长"的新阶段。

阿里研究院院长高红冰说："农村的市场是一个新的蓝海市场，我们发现在整个网购的这样一个现象的背后，其实在三线、四线、五线、六线城市的分布是超过一半的，所以未来一个新的增长点是在这块。"

此外，农村网民数量的攀升以及互联网的普及也增加了农村电商消费市场的潜力。2016 年，来自农村的网民达到 1.91 亿，占到总网民数量的 26.9%，农村互联网普及率截至 2016 年 6 月为 31.7%。

农村淘宝在淘宝直播平台进行"村红"直播首秀开播，5 秒卖了 4 万枚土鸡蛋。2016 年 5 月 31 日，农村淘宝在淘宝直播平台进行"村红"（村里的网红）直播首秀，以视频直播的方式卖农家土货。阿里方面介绍称，当天上午直播的"村红直播找土货"，在直播平台上在线观看的网友共计突破 10 万名，同期在线人数近 5000 人，点赞次数近 9 万次。

农村淘宝"村红"直播的相关农产品也在农村淘宝、手机淘宝、聚划算等平台向全国消费者同步发售。其中，仅开播 5 秒，土鸡蛋销量就达 4 万枚。截至 2016 年 5 月 31 日下午 3 点，土鸡蛋销量突破 10 万枚。

阿里巴巴相关负责人介绍称，50 位农民还挑着自家土特产或手工艺品来到"村淘大集市"的直播点，以视频直播方式展现自家农家土货。

农村淘宝"村红"直播项目经理王辉表示，通过"村红直播"的形式，城市消费者买到真正农家土货，农民网销农产品，可以打造出互联网时代的新赶集方式。他还说道："这次重庆秀山网络直播卖农家土货是'村红直播'首站试点，接下来会陆续在全国铺开。"农村淘宝的农业发展部总经理朱俊也表示，未来将为消费者带来"云上农村"服务，真正实现订单农业"云上农村"。

据亿邦动力网了解，农村淘宝是阿里巴巴在 2014 年推出的战略项目之一，以电商平台为基础，搭建县村两级服务网络，实现"网货下乡"和"农产品进城"的双向流通。

公开资料显示，淘宝直播于 2017 年 3 月正式上线，定位于"消费类直播"，支持"边看边买"功能。淘宝数据显示，观看直播内容的移动用户超过千万，主播数量超 1000 人，目前该平台每天直播场次近 500 场，其中，超过一半的观众为 90 后，而且女性比例约为 80%，占了绝对主导。

二、数字经济推动精准扶贫

腾讯董事会主席马化腾在 2018 年两会建议利用网络打破数字鸿沟，精准扶贫。另外，一些存量的传统行业和互联网衔接之后，产生了大量转型升级的机会，也产生很多矛盾和冲突，国家支持数字经济业态，该怎样正视问题和解决问题需要关注。

阿里巴巴的普惠式发展实践始于 2009 年电商消贫。消贫的核心思路是用商业模式扶持贫困地区经济发展，通过电商赋能使他们具备致富脱贫的能力。"淘宝村"和"农村淘宝"是阿里巴巴消贫战略体系的"双核"。"淘宝村"以市场为主要推动力量，核心是"大众创业、万众创新"，依靠市场激发出的草根创新力。"农村淘宝"以"平台 + 政府"为主要推动力量，核心是建设立足农村的电子商务服务体系，培育电商生态，完善电商基础设施，推动贫困群众对接电子商务，助其增收节支，进而改变其生产和生活方式，从物质层面和精神层面双双脱贫。先期成长起来的"淘宝村"，是由市场需求驱动建立起来的电商服务体系，可以帮助"农村淘宝"为农村居民提供更多的服务；而依托"农村淘宝"培育和建立的电商生态和基础设施，未来在农村也有机会生长出更多的"淘宝村"。加上阿里平台上诸多的涉农业务，如"特色中国""满天星""农村金融"等，共同构成了阿里巴巴"双核 +N"的农村消贫战略体系。

"淘宝村"和"淘宝镇"：全国 17 个省市区，已经涌现出 780 个"淘宝村"，71 个"淘宝镇"，聚集了超过 20 万户的活跃卖家，网店销售额超过 1 亿元的"淘宝村"就超过 30 个。

"农村淘宝"：截至 2016 年 6 月，"农村淘宝"已经在全国 28 个省、自治区的 379 个县开业，其中国家级贫困县 94 个，省级贫困县 95 个，建立起了 18000 多个村级服务站，招募了 2 万多名合伙人（或淘帮手）。2015 年"双十一"购物狂欢节，每个村点平均实现约 3.7 万元的消费，全国"农村淘宝"合伙人的月均收入已经接近 3000 元。

"特色中国"："特色中国"推动地域精品全面"触网"，其中包含 168 个"特色中国"市县馆。"特色中国"基于地域信息，向全国消费者介绍当地特产。通过电子商务和无线网络，流通效率得到极大的提升。

"产业带"："产业带"打造线上批发市场，帮助县域传统产业转型升级。截至 2015 年 11 月 30 日，已与阿里巴巴签约的县级产业带 39 个，入驻卖家 8.89 万家，2015 年 1 月 –11 月累计完成交易额 417.41 亿元。

"满天星"计划："满天星"计划旨在搭建安全农产品的溯源体系，自 2015 年 4 月启动第一家试点县以来，"满天星"农产品溯源计划签约县已经达到 51 个。

"菜鸟网络"："菜鸟网络"与第三方物流合作，通过补贴等手段，打通乡村物流通道。截至 2015 年 12 月底，"菜鸟网络"跟随"农村淘宝"进驻了 23 个省份的 225 个县。拥有 24 个物流合作伙伴、近 800 辆运输车。下行日均履行 9 万单，上行日均履行 2500 单。累计发放物流补贴 3500 万元。

淘大县长电商研修班：县长电商研修班由淘宝大学与阿里研究院倾力打造，旨在为县域电商发展培育高级人才。截至 2015 年 12 月底，淘宝大学县长电商研修班已成功开办 40 期，覆盖全国 26 个省 / 自治区的 193 个地级市、598 个县，共培训县级领导干部 1572 人。

第三节　"互联网 + 农村金融"模式

中国的农业问题是个老大难问题，这里面既有土地制度和户籍制度的制约因素，更为重要的是中国没有建立起有效的农业金融体系。农村金融体系没有建立起来的原因在于农业行业利润低、企业集中度不高、信息失真严重。金融企业从事农业金融，过高的管理成本和风险成本导致其无法盈利。

普遍认为，互联网金融在大数据、云计算和移动互联网的支持下，能够成功实现交易的网络化、去中心化、脱媒化，打破了信息的不对称性，弱化了交易中介的作用，摆脱了对大量专业人员和物理网点的依赖，可以极大地降低交易成本。农村金融是在金融体系中碎片化最为严重的一个领域，利用互联网的低成本碎片整合能力，能够深刻改变目前的农村金融难题，从而加速农业的产业升级。

"互联网 +"是互联网思维的进一步实践成果，它代表一种先进的生产力，推动经济形态不断地发生演变。"互联网 + 农村金融"，利用信息通信技术以及互联网平台，让互联网与农村金融进行深度融合，创造新的农村金融发展生态。随着互联网与农村金融的进一步融合，农村金融的形态也越来越丰富，目前主要的表现形态可以归纳为以下几种：互联网 + 大数据农户贷款、互联网 + 供应链农户贷款、互联网 + 特许加盟农户贷款、互联网 + 农业融资租赁、互联网 + 农业保理、互联网 + 农业应收账款质押贷款、互联网 + 农企票据交易、互联网 + 农业物流金融、互联网 + 农业保险、互联网 + 农业众筹。

一、互联网 + 大数据农户贷款

多年以来，我国传统金融机构在农村投入不少，但是依然有超过七成的贷款需求无法满足。关键的制约因素是大部分农户在央行的征信系统中是不存在的，而且农户也缺乏传统金融机构发放贷款必须要有的可抵押资产。

从银行的角度来说，能不能向借款人贷款主要是评估借款人有没有还款能力和还款意愿。众所周知的原因，农户获得贷款难的最大问题是信息不透明、账务不规范，银行与农户之间彼此信息不对称。为了有效进行风险控制，在缺乏足够数据支撑的前提下，银行习惯于通过有效的抵押、质押等担保措施来发放贷款。按照传统的做法，即使一个农户这样的小的借款人也要跟大企业一样去做尽职调查，去走常规流程，对银行来说成本太高了。这导致城镇与农村金融服务水平严重失衡，这已经影响了中国社会的正常发展。

互联网大数据颠覆了银行传统的信贷模式，尤其是面向农户的信贷模式。通过互联网＋大数据，采集农民生产经营致富基础信息、生活方式基本信息，如农户信贷偿债能力、信用能力、偿还意愿等基础信息，并且随着发展进行适时变更，建立农户征信数据。借助互联网＋大数据，银行能够批量、海量、快速、低廉地完成农户征信，从而使极小微的信贷成为可能。通过大数据信贷模型，银行的信贷审批中心可以自动计算出某个农户可以获得多少贷款，这个审批过程只需要几分钟。

阿里巴巴旗下的浙江网商银行是互联网＋大数据农户贷款的典范，该银行是中国首批试点的民营银行之一，于2015年6月25日正式开业。网商银行是中国第一家将核心系统架构在金融云上的银行。基于金融云计算平台，网商银行拥有处理高并发金融交易、海量大数据和弹性扩容的能力，可以利用互联网和大数据的优势，给更多小微企业提供金融服务。其利用淘宝数据开发的"水文模型"小额贷款动态风险管理方法，是国内小额贷款领域最为领先的风险管理技术。凭借该模型，网商银行从2015年6月开始对农户进行了纯信用贷款，突破了以往传统模式下对农户贷款的种种限制。

之后，网商银行推出了首款专门面向农村市场的金融信贷产品：旺农贷。有贷款需求的农户，可以在当地农村淘宝服务网点工作人员的帮助下，进入旺农贷无线端进行申贷，申贷时提供身份信息以及相应的土地、房屋或者门店的资产证明。网商银行在审核通过后将实时放款。

网商银行旺农贷的优势就在于本地化线下推荐和大数据线上审核相结合。一方面是本乡本土的村淘工作人员，在择优授权并且培训之后，他们可以帮助农户进行申贷；另一方面，蚂蚁小贷业务多年来积累的经验和数据，都将运用于网商银行线上审核及贷后监控等环节。

二、互联网＋供应链农户贷款

2015年政府工作报告中提到的"互联网＋"背景下越来越多的巨头进军农业，布局各种种植和养殖等实体产业。随着产业链条的不断延伸，"互联网＋农业"实际上已经深入生产、加工和销售等农业产业链的各个环节，这为试水农业网界供应链金融奠定了很好地开展业务的基础。

农业融资分散、小额、短期的特点在短期内无法得到根本的改变，这正是互联网金融的优势所在。农业供应链金融和互联网金融的结合成为大势所趋。从生产、加工到销售等全过程的信息逐步数据化为筛选贷款对象提供了基础。通过供应链中核心企业在信息、资源、数据等多方面的优势和信用，摸清上下游企业的实力背景和可能存在的借贷关系，利用互联网金融为农业注资。供应链金融利用的是最核心企业的信用优势，将整个链条的物流、信息流、资金流打通，这比单一信贷的风险低，是最核心的价值体现。

新希望旗下的希望金融，是中国目前最大的农业供应链网络借贷平台公司。希望金融的这种农业供应链网络借贷平台模式，是目前中国网络借贷平台中对投资人最安全、对借款人成本最低的一个模式。作为服务于"三农"和小微企业投融资的互联网金融平台，希望金融以新希望集团产业链的上下游客户（养殖户、经销商、供应商）为目标并提供金融服务，解决广大农村地区特别是优质养殖用户和小微企业融资难的问题，为他们提供低成本、高效率、安全可靠的融资渠道。

三、互联网＋特许加盟农户贷款

特许加盟（连锁）是指特许者将自己所拥有的商标、商号、产品、专利和专有技术以及经营模式等以特许经营合同的形式授予被特许者使用，被特许者按合同规定，在特许者统一的业务模式下从事经营活动，并向特许者支付相应的费用。"互联网＋""特许加盟"及"农户贷款"这三个热词相遇会产生什么样的化学反应呢？翼龙贷应该是一个典型案例。

联想控股旗下的翼龙贷，是目前国内最大的专注"三农"贷款的网络借贷平台互联网金融公司，它的业务特点是特许加盟加同城借贷。2011年，翼龙贷网络借贷平台上线，和其他的纯线上网络借贷平台不一样的是，翼龙贷采用线下加盟模式，由加盟商来发展初审借款人。想从事民间借贷的加盟者，向翼龙贷提出加盟申请，翼龙贷审核通过后，加盟者缴纳加盟费和保证金，成为地区的加盟商。如果加盟商所在的地区借款人想到翼龙贷平台上来借款，则首先要去联系该地区的加盟商，地区加盟商负责初步审核，并通过翼龙贷的互联网系统报送到总部，翼龙贷总部对网上报送来的资料审核通过后，就把借款人的借款申请公示在翼龙贷网络借贷平台网站上，网络借贷平台上的投资人可以选择投标，满标后借款合同生效，翼龙贷通过第三方支付公司将借款转入借款人账户中。地区加盟商除了负责发展并审核本地区借款人外，还负责发展本地区的投资人。

四、互联网＋农业应收账款质押贷款

应收账款质押贷款是指企业将其合法拥有的应收账款收款权向银行作还款保证，但银行不承继企业在该应收账款项下的任何债务的短期融资。贷款期间，打折后的质押应收账款不得低于贷款余额（贷款本金和利息合计）。当打折后的质押应收账款在贷款期间内不足贷款余额时，企业应按银行的要求以新的符合要求的应收账款进行补充、置换。

在市场经济条件下，为了竞争和生存，很多的农业企业都将赊销作为竞争的重要手段，这样就形成了大量的应收账款，使企业的利润都停留在应收账款状态，妨碍了企业的正常生产经营和发展。针对这种情况，可以通过互联网＋农业应收账款质押贷款的方式来解决。

申请应收账款质押贷款的公司所需提交的资料一般包括销售合同原件、发货单、收货单、付款方的确认与承诺书等。其他所需资料与一般流动资金贷款相同。但是应收账款贷款的最大缺点是其成本太高，如果发票很多，面额又都很小，就使得这种方法越发显得麻烦。

不过，在"互联网＋"背景下，随着电脑科技的迅速发展，不但加快了发票处理的速度、迅速降低了成本，而且通过互联网了解客户的信用状况变得更加简单，在这种情况下，应收账款质押贷款的缺点将越来越小，该贷款方式在农业领域将越来越受到青睐。

五、互联网＋农业融资租赁

融资租赁（Financial Leasing）又称设备租赁（Equipment Leasing）或现代租赁（Moderm Leasing），是指实质上转移与资产所有权有关的全部或绝大部分风险和报酬的租赁。

可以说，融资租赁是仅次于银行融资的第二大融资方式，融资租赁对农业机械化智能化作用巨大。一般情况下，农业租赁是农户通过租赁公司租用农业设备，以此扩大产能，增加产值。农户租用设备后，在租赁期限内产权归租赁公司所有，而在还清本金后，农户可获得农机具的产权。事实上，农村融资的租赁市场很大。单以农业机械为例，目前国内农机化率在59%左右。也就是说，还有一大批农民仍然无力购置大型农机设备，这为租赁市场提供了广阔的空间。曾有业内人士推算，仅依据农业机械行业的租赁渗透率分析计算，国内市场容量就可超过3000亿元，而融资租赁在农村的服务范围还远不止农机这一项，未来将拓展至食品加工、农村医疗、养老等众多领域，其市场容量至少在万亿元以上。

新模式下，农民可采用融资租赁等灵活支付形式，大大缓解了资金不足的难题。农民能够更方便地使用无人机从事喷药、施肥等植保作业，植保无人机大范围应用也将有效推动解决农业生产安全和保障粮食安全。融资租赁的互联网融资表现形式多样，但模式不外乎以下两种：第一种是债权转让模式，即融资租赁公司将原有融资租赁项目下未到期租金的债权转让给投资者，用于筹集融资租赁公司开拓其他新项目的资金，投资者收益来源于原转让债权的融资租赁项目，融资租赁公司所筹集资金用途与投资者并无关系；第二种模式是由融资租赁机构作为网络借贷平台项目发起方，通过网络借贷平台，面向特定承租人提供设备融资租赁服务，资金来源通过网络借贷平台对外发标募集，以承租方的租金在扣除佣金后作为投资人报酬，投资期限就是融资租赁期限，一旦承租人不能支付租金，则由融资租赁公司拥有该设备的处置权。

六、互联网＋农业保险

根据《农业保险条例》的规定，农业保险是指保险公司根据农业保险合同，对被保险人在农业生产过程中因保险标的遭受约定的自然灾害、意外事故、疫病或者疾病等事故所造成的财产损失承担赔偿保险金责任的保险活动。其中农业是指种植业、林业、畜牧业和渔业等产业。农业保险按农业种类不同分为种植业保险、养殖业保险。

2015 年 8 月，农业农村部信息中心与中航安盟签署战略合作协议，共同实施"互联网＋""三农"保险行动计划。农业农村部信息中心近 10 年来建设了以全国农业公益性服务专用号码 12316 为核心的综合信息服务体系，形成了集语音、短信、网站、移动客户端等为一体的中央平台，具有较强的服务"三农"一线的功能。这次合作是在"互联网＋"大背景下共同服务"三农"的一个具体行动和业务创新，是以信息化服务"三农"全局的一个积极探索。"互联网＋""三农"保险行动计划涵盖两大领域八项内容，主要包括：通过探索开发农产品市场价格指数，推进农业保险产品创新；通过数据互联互通，推进"三农"保险信息数据库建设；通过建立新型农业经营主体信息系统，推进"三农"保险信用体系建设；通过工作机制创新，推进基层信息服务体系与保险服务体系融合；通过 12316 综合信息服务平台应用拓展，推进"三农"保险系列服务；等等。

七、互联网＋农业票据交易

广义上的票据包括各种有价证券和凭证，如股票、国库券、企业债券、发票、提单等；狭义上的票据则仅指《中华人民共和国票据法》上规定的票据，仅指以支付金钱为目的的有价证券。本章的票据仅指狭义的票据。

工商银行推出的票据电子化交易平台，依托于"融 e 购"电商平台，在票据资产托管服务的基础上，为客户提供集自由报价、交易匹配、票据交易、资金清算、风险控制、统计分析、信息资讯等功能于一体的票据综合服务。客户可以通过交易平台自由发布报价信息、精确匹配交易需求，高效安全地完成票据权属变更和资金清算，实现票据交易全流程的电子化，获得全新的票据业务经营体验。

农业行业的交易，已然开始大量地采用承兑汇票作为支付工具，传统上很多农业企业会持有票据到期后再到银行去承兑，这样就大量挤占了流动资金。在"互联网+"背景下，类似工商银行推出的票据电子化交易平台为票据交易提供了条件。特别是从 2014 年开始，随着大量的票据互联网金融公司产生，互联网+农业票据交易必将蓬勃发展。

八、互联网 + 农业物流金融

物流金融是为物流产业提供资金融通、结算、保险等服务的金融业务，它伴随着物流产业的发展而产生。在物流金融中涉及三个主体：物流企业，客户和金融机构，物流企业与金融机构联合起来为资金需求方企业提供融资。物流金融的服务和实施方式已经不再局限于货物质押，我国目前的物流金融服务已经突破了最初的模式，形成了仓单质押、动产质押、保兑仓和开证监管四种。

目前，互联网金融企业正在进军物流金融领域。互联网+农业物流金融模式就是利用互联网手段，打造金融与农业物流的"融资物流"模式，使农业物流行业降低成本，提高效益，推动行业转型升级。

第四节 "智慧农业 + 电视模式 + 产业链"模式

互联网已经渗透进各个产业，农业也不例外，互联网对传统农业的渗透主要表现为三种模式：将互联网技术应用于农业生产过程的智慧农业、将互联网电子商务应用于农产品销售的农业电商、将互联网融合于整个产业链的农业互联网生态。

一、互联网带来的智慧农业

（一）"智慧农业"的布局

什么是智慧农业？所谓与现代紧密结合的"智慧"，无非是指现代信息技术成果，具体来说有物联网技术、音频技术、无线通信技术等。具体放到农业上，是指专家通过可视化远程技术对农业生产的各个环节进行监控和操作，对于可能出现的灾害以及其他紧急情况做出及时乃至提前的应对措施，利用此类先进技术从根本上解决粮食安全和食品安全两大基本问题。

就目前的情况来看，投资农业板块还是一个新领域，因此，了解农业产业链上的某些公司是如何与互联网进行融合的，对于未来投资方向的把握有很大参考价值。

就肥料生产这一环节来说，最具代表性的莫过于芭田股份。该公司收购了金禾天成20%的股权参与到了农业信息化的领域，使传统的复合肥向农资综合服务平台转变。金禾天成此前已经积累了大量的种植业生产大数据，在此基础上，对数据进行分析建模，类比建立了一个完整的信息分析处理系统，经过大规模的数据收集后而逐渐摆脱这一模式，朝着指导种植业生产实践方向转变。这一进步为我国"智慧农业"提供了最有价值的服务。

在农业IT服务领域，农村信息化是值得关注的点，神州行就由此出发，进一步完善"智慧城市＋智慧农村"布局。中农信达在农村信息化领域已经发展了十余年，有着十分丰富的经验和广阔的市场，实力和专业性极强。神州行收购了中农信达，希望借此机会尽快融入农地确权和农村信息化市场，使战略布局进一步扩大，产业链也更加完善。

（二）理解农业电商与智慧农业之间的关系

农业电子商务是电子商务在农业领域中的应用，农业商务活动是核心；智慧农业是现代高科技在农业领域中的应用，现代农业活动是核心。由此可以理解：农业电子商务与智慧农业之间的共同之处在于都是基于现代高科技的农业活动，农业领域的商务活动是农业活动的一部分。智慧农业从狭义上理解主要是将现代高科技应用于农业生产活动，而从广义上理解则包括了所有农业活动。因此，农业电子商务与智慧农业之间的关系是：农业电子商务是广义智慧农业的组成部分，广义智慧农业包含了农业智慧生产、智慧流通、智慧销售、智慧管理等功能子系统。

（三）智慧农业的高科技让农业更加"智慧"

1. 智慧农业生产

农业物联网是智慧农业依托的主要高科技之一．物联网技术在智慧农业中的应用，主要有监控功能系统、监测功能系统、实时图像与视频监控功能。农业物联网在生产环节的应用主要包括现代化温室和工厂化栽培调节和控制环境。它是利用农业物联网技术中的信息感知技术，主要包括农业传感器技术、RFID技术、GPS技术以及RS技术等；利用它们采集各个农业要素信息，包括种植业中的光、温、水、肥、气等参数，在不同的作物生长期，实施全面监测。这种生产环节的物联网应用见效快，能够为高附加值产品锦上添花；

方便地快速复制，可以快速应用到不同的作物；而且这种技术各地都有类似的项目，有很成熟的应用。

2. 农产品智慧流通

农产品智慧流通主要包括智慧仓储、智慧配货、智慧运输和流通安全溯源。利用物联网中的 RFID 技术建立自动识别技术的仓库物流管理系统，实现库房高效管理，收发货高速自动记录，收货、入库、盘点、出库等多个流程能平滑连接，实现流通环节的智慧仓储。通过 RFID 结合条码技术、二维码技术，为农产品及加工产品加贴 RFID 电子标签、对农产品的流通进行编码，实现农产品的安全溯源。利用物联网技术"网络化"发展战略，建立批发市场信息数据库和集团协同管理信息平台，用来收集、储存、传输与整合客户信息、业务信息、交易信息、市场管理信息等，最终实现客户数据、业务数据的有效性、可靠性、整体性，通过信息流带动物流、商流，协同管控，同时，采用 RFID、传感器、GPS 等高新技术实现智慧配货、智慧运输。农产品智慧流通，涉及农产品质量和食品安全以及农产品市场价格的稳定，社会意义重大，同时也具有很大的市场潜力。

3. 农产品智慧销售

农产品智慧销售是指农产品从预订、生产到物流配送的各个环节都在客户的掌握之中，能实现全程跟踪。它应该包括以下三个环节：①产品预订。产品的预订首先需要建立商务平台，目前农产品的商务平台主要采用农产品电商预售模式（C2B+O2O）的形式建立。各生产地，通过物联网技术中的条码技术、二维码技术进行农产品的产地和出货状况的管理，并将农产品信息发布上网。平台用户通过注册会员的形式，实现农产品自由集约订购。②有机生产。邀请行业专家，依据国家标准，结合各产区的实际，制订各农产品有机种植的具体标准，在安全生产监控下，遵规执行。③安全监控。为实现消费者的产品认证环节，采用物联网相关技术，通过监控系统，全程进行跟踪；为用户提供详细的数字及视频信息保障，使产品从生产到物流配送的各个环节都在客户的掌握之中。在田间设立高杆多视角摄像头，通过无线方式连接至种植户或养殖户和驻点收购站，监控全程的无公害生产，监控视频图在平台网站上实时发布，订购者可随时监督。在物流配送中采用 GPS 等技术实现跟踪定位监控，确保配送过程安全。

4. 农业智慧管理

农业智慧管理包括智慧预警、智慧调度、智慧指挥、智慧控制等。利用物联网技术中的 GIS，可以建立土地及水资源管理、土壤数据、自然条件、生产条件、作物苗情、病虫草害发生、发展趋势的空间信息数据库和进行空间信息的地理统计处理，实现智慧预警。利用专家系统（简称 ES）。依靠农业专家多年积累的知识和经验，对需要解决的农业问题进行解答、解释或判断，提出决策建议，实现智慧指挥。利用农业决策支持系统（简称 DSS）可以实现作物栽培、饲料配方优化设计、大型养殖场管理、农业节水灌溉优化等方面的智慧调度。智能控制技术（称 ICT），包括模糊控制、神经网络控制以及综合智能控制技术，主要用来解决复杂系统的控制问题。通过这些技术可以实现规模化的基地种植、设施园艺、畜禽养殖以及水产养殖中的智慧控制。

二、互联网带来的电视模式

目前，一些地方电视台利用地缘优势，通过直观、快捷的电视媒介，以本土农民为目标受众，以对农科技服务节目为知识信息载体，进行农业科技推广，为探索和完善我国基层农业技术推广和服务体系注入了一股新的活力，对加快本土农业科技进村入户和农业科技成果转化，有着非常积极的现实意义。

"农业丰则基础强，农民富则国盛，农村稳则社会安"，这是 2007 年中央一号文件《中共中央、国务院关于积极发展现代农业扎实推进社会主义新农村建设的若干意见》的开篇语，它充分显示了"三农"对我国国民经济发展的关键意义。

电视媒介有着其独特的属性：声画兼备的多媒体性、拟人际传播的亲切性、对受众教育水平宽容度性等。也正是这些特性，使得电视媒介成为国人日常生活的第一媒介。电视媒介的发展对于农村受众群体获取信息、帮助推进社会主义新农村建设，都有着不容小觑的意义。

成立专业化的对农电视，用农村的视角打造线上节目和线下活动，通过接地气的互动方式，满足农村收视需求，这不仅是农民之所需，也是所有对农电视人的愿望。然而，纵观国内农业电视频道，大多"互联网 +"的思维匮乏，节目内容单一、不注重与受众之间的互动，社会效益与经济效益不统一等问题，严重阻碍了国内对农电视的发展，不利于我国农村经济的发展与建设。

对农电视创新路径构想如下：

（一）互联网思维多渠道互动模式

从传播角度来看，互动是传播主体获取受众反馈的重要方式。通过多频次的互动，能有效增强传播主体与受众之间的黏性，达到传播效果的最大化。互联网时代，新媒体渠道呈现井喷之势，通过新媒体平台的互动，实现传播媒体与新媒体之间的融合发展，也是对农电视发展的方向之一。

从技术上来看，对农电视可通过微信客户端、微博、QQ群等矩阵，与农村受众开展互动，既能节省受众互动成本，又能享受到互联网技术在对话与交流上的便捷，还能帮助农村受众提升互联网使用技术。

线下互动，也是对农电视在增进与受众之间互动的良好方式。通过连贯性的线下互动，既能形成对农电视自身的品牌影响力，还能增强与受众之间的交流。

（二）深入本土特色打造创新对农节目

对农电视节目对本土人文风情、地域风貌等方面的要求较高，只有切合本土特征，才能打造出符合受众胃口的对农电视节目。对农电视节目可以深挖当地农村文化，发掘当地农业特色，在此基础上进行节目内容的重新编排，这样既能提升节目收视率，还能起到宣传当地文化特色的作用。

（三）实现社会效益与经济效益的统一

发挥社会效益是对农电视作为社会服务必须履行的职责，而实现平台的经济效益则是对农电视可持续发展的必由之路，只有实现两者之间的完美统一，对农电视才能树立自身品牌，赢得受众的认可。

随着互联网＋农业时代的到来，对农电视可以借助平台的公信力，及相关的农业经验，整合互联网与农业的相关资源，打造"互联网＋农业＋电视"的全新经营模式。

对农电视是我国建设社会主义新农村的一个窗口，对农电视通过在互动模式、内容创新设置、经济效益增速等方面下足功夫，借力"互联网＋"的便捷，对农电视在新的环境下仍能创造一片天空。

三、互联网带来的产业链

（一）互联网＋农业产业链整合的整体思路

农业产业链源自于产业经济学，是指在农业生产过程中，相对独立经济组织基于共同利益和协作经营而形成的链条式合作关系。农业产业链是推动我国社会主义新农村建设的重要途径，它的建设有利于提高农业产业的组织化程度和农产品的增值能力，能适应农业生产规模化、专业化和市场化的时代要求，并促进农产品的标准化生产和产品质量安全，从根本上扭转我国农业生产的分散、粗放、劣势地位。另外，农业产业链的区域延伸将会沟通城乡两个相对封闭的地域，打破我国长期以来固有的城乡二元化体制。产业链经营是现代农业的主要特征，是现代农业相互竞争的主要手段，现代农业之间的竞争主要是基于产业链之间的竞争。

任何一个产业链上的节点都可以向其周围节点做生产、技术空间上的延伸，这样就会形成在空间、上相互交错、时间前后重叠的多个产业链，这多个产业链在平面上构成一个产业网。从运筹学的角度看，这多个产业链中肯定有一条或者几条关键的链条，我们必须寻找出这个最优价值链。如果找不到这个关键链，那就会因为时间、空间上的不合理造成极大的浪费，这种延伸和拓展是毫无意义的。农业产业链模式就是农业产业链建构的标准式样，具有可复制性。中国目前的农业生产 90% 是以农民家庭为单位，极其分散，不利于统筹安排，也不利于规范化和标准化，更谈不上规模化。如何推动农户进入产业链，使农民在加工贸易环节中也能分得一杯羹，从而提高农民的收入，这是令很多地方政府头疼的事情，因为大多数农户没有农业产业化的动力，也没有延长拓展产业链的意识，政府起劲，民间淡漠。我国农业生产长期兜圈，难以突破瓶颈。造成这一现象的根本原因在于：我们的政策没有让农民看到前景，感受到产业链的实在好处。因此，我们必须利用农户的趋利性进行引导，让他们对建设产业链有信心和动力。

农业的自然属性决定了传统农业的弱质性是先天的，农业产业链的构建使农业不再是孤立的生产部门，而是以生物生产为中心涵盖产前产后多个环节在内的一体化经营体系，可以稳固我国国民经济的基础。农业产业链的升级是使产业链结构更加合理有效、产业环节之间联系更加紧密，进而使产业链运行效率和价值实现不断提高的转变过程，基于此，互联网 + 中国产业链升级途径有三类：延伸、优化、整合。

1. 互联网 + 产业链延伸

从方向上看，我们可以把农业产业链的延伸分为前向延伸和后向延伸，大多数学者强调的延伸其实后向延伸，就是要对初级农产品进行深加工以便获得更高的附加值。还可以把产业链的延伸分为纵向延伸和横向延伸。纵向延伸指的是着眼于各环节的高技术和高知识，横向延伸则着眼于农产品的深加工、产业环节的增加。农产品的区域延伸则是借助于现代信息平台和通达的物流网络进行空间拓展，在一定的范围内形成产业集群，这些产业之间能相互依赖，优势互补。

2. 互联网 + 产业链优化

产业链的优化是指立足于整个产业链的质量的提高，即产业链各环节向高技术、高知识、高资本密集、高附加值演进，体现为产业链的产业机构高度优化。这是我国产业链升级的一个重要方面。产业链主要包括物流、资金流和信息流，通过相关措施使物流、资金流和信息流协调顺畅，以此来降低交易费用，获得产业链的整体效益。农业产业链的整合和引导和发展应以市场需要为导向，此外通过定单农业的推行来使加工企业和分散的农户形成稳定的契约关系和利益共同体。

3. 互联网 + 产业链整合

产业链整合是指根据社会资源和市场需求，在产业链各环节之间合理配置生产要素，协调各环节之间的比例关系，其实质是追求整个链条价值的最大化。有物流信息流、价值流的整合和经营主体的整合，这其中特别要注意农业产业链上的利益机制协调，不同的经济主体都在一个产业链上追求自己的利益最大化，存在竞合关系，若不在流通、工业、农业各环节之间建立和谐的利益机制，农业变强、农户增收的目标就不能实现，和谐的利益机制是农业产业链健康运行的基础。加快建设农业产业链的信息化。根据相关理论，产业链中的各成员通过信息的参与和共享的能够提高产业链的整体竞争力，取得在行业竞争中的整体优势，提高产业链的整体效益。通过产业链的信息共享和提高产业链的信息化程度实现农产品的价值的再次增值，因此，与农业相关的各个产业链组织都应该建立农产品信息链管理系统，如运输业通过建立农产品信息链管理系统，可以实现根据网上的交易数据来提前安排和组织运输，实现运输业和农业的互利共赢。现阶段，各行业应利用各种现有信息网络来实现信息的传递。

鉴于各地农业产业链形成基础、发展水平、市场化程度等具体情况，建立多种形式的组织发展农业产业链。例如以公司为主体，以一种或几种农产品为核心，联合生产企业、农户，实现分担风险、共享收益的产业链组织形式；以订单为核心，依托专业市场，发展特色地域产品，建立产销一体化的产业链组织形式等。

"互联网 +"开创了大众参与的"众筹"模式，对于我国农业现代化影响深远。一方面，"互联网 +"促进专业化分工、提高组织化程度、降低交易成本、优化资源配置、提高劳动生产率等，正成为打破小农经济制约我国农业农村现代化枷锁的利器；另一方面，"互联网 +"通过便利化、实时化、感知化、物联化、智能化等手段，为农地确权、农技推广、农村金融、农村管理等提供精确、动态、科学的全方位信息服务，正成为现代农业跨越式发展的新引擎。"互联网＋农业"是一种革命性的产业模式创新，必将开启我国小农经济千年未有之大变局。"互联网＋"助力智能农业和农村信息服务大提升。智能农业实现农业生产全过程的信息感知、智能决策、自动控制和精准管理，农业生产要素的配置更加合理化、农业从业者的服务更有针对性、农业生产经营的管理更加科学化，是今后现代农业发展的重要特征和基本方向。"互联网＋"集成智能农业技术体系与农村信息服务体系，助力智能农业和农村信息服务大提升。

"互联网＋"助力国内外两个市场与两种资源大统筹。"互联网＋"基于开放数据、开放接口和开放平台，构建了一种"生态协同式"的产业创新，对于消除我国农产品市场流通所面临的国内外双重压力，统筹我国农产品国内外两大市场、两种资源，提高农业竞争力，提供了一整套创造性的解决方案。

"互联网＋"助力农业农村"六次产业"大融合。"互联网＋"以农村一二三产业之间的融合渗透和交叉重组为路径，加速推动农业产业链延伸、农业多功能开发、农业门类范围拓展、农业发展方式转变，为打造城乡一二三产业融合的"六次产业"新业态，提供信息网络支撑环境。"互联网＋"助力农业科技大众创业、万众创新的新局面。以"互联网＋"为代表新一代信息技术为确保国家粮食安全、确保农民增收、突破资源环境瓶颈的农业科技发展提供新环境，使农业科技日益成为加快农业现代化的决定力量。基于"互联网＋"的"生态协同式"农业科技推广服务平台，将农业科研人才、技术推广人员、新型农业经营主体等有机结合起来，助力"大众创业、万众创新"。"互联网＋"助力城乡统筹和新农村建设大发展。"互联网＋"具有打破信息不对称、优化资源配置、降低公共服务成本等优势，"互联网＋农业"能够低成本地把城市公共服务辐射到广大农村地区，能够提供跨城乡区域的创新服务，为实现文化、教育、卫生等公共稀缺资源的城乡均等化构筑新平台。

（二）"互联网＋农业产业链整合"面临的挑战及对策

如何持续、稳健地推动"互联网＋农业"高效发展，需要对"互联网＋农业产业链"发展中面临的主要挑战保持清醒认识高度关注和审慎思考。

1. "互联网＋农业产业链"的挑战

（1）"互联网＋农业产业链"发展战略选择挑战。

"互联网＋农业"是借助现代科技进步实现传统产业升级的全新命题，是保障国家粮食安全和推动现代农业建设的重要手段，蕴含着重大的战略机遇和广阔的发展空间。然而，在缺少顶层设计的情况下，"互联网＋农业"一哄而上、各自为政的局面无法避免，非常容易形成片面性、局部性的发展态势，不利于"互联网＋农业"的整体推进、协调发展，"互联网＋农业"对经济社会的影响将大大折扣。因此，亟须制订我国"互联网＋农业"发展战略规划，从战略高度推动"互联网＋农业"发展，形成统一谋划、稳步实施的推进格局，将"互联网＋农业"打造为能够切实推动国家经济社会持续、高效、稳定发展的新引擎。

（2）"互联网＋农业产业链"发展基础设施的挑战

"互联网＋"是一次重大的技术革命创新，必然将经历新兴产业的兴起和新基础设施的广泛安装、各行各业应用的蓬勃发展两个阶段。"互联网＋农业"亦将不能跨越信息基础设施在农业农村领域大范围普及的阶段。然而，就目前来讲，农村地区互联网基础设施相对薄弱，农村仍有5万多个行政村没有通宽带，拥有计算机的农民家庭比例不足30%，农村互联网普及率只有27.5%，还有70%以上的农民没有利用互联网。另外，农业数据资源的利用效率低、数据分割严重，信息技术在农业领域的应用大多停留在试验示范阶段，信息技术转化为现实生产力的任务异常艰巨。农业农村信息基础设施薄弱，对"互联网＋农业"的快速发展形成了巨大的挑战。

（3）"互联网＋"与现代农业产业链深度融合的挑战

移动互联网、大数据、云计算、物联网等新一代信息技术发展迅猛，已经实现了与金融、电商等业务的跨界融合。农业是国民经济的基础，正处于工业化、信息化、城镇化、农业现代化"四化同步"的关键时期，迫切需要推动"互联网＋农业"发展。然而，农业是一个庞大的传统产业，涉及政治经济、社会、文化等方方面面，农业问题千丝万缕，错综复杂。如何利用"互联网＋"串起农业现代化的链条，将新一代信息技术深度渗透到农产品生产销售、农村综合信息服务、农业政务管理等各环节，亟须制订一套具体的、可操作的实施方案，推动"互联网＋农业"高效发展。

2. "互联网＋农业产业链"的十大对策行动

（1）推动落实农业农村信息化基础设施建设行动

借助"宽带中国"战略实施方案，加快推进落实农村地区互联网基础设施建设，重点解决宽带村村通问题，加快研发和推广适合农民特征的低成本智能终端，加强各类涉农信息资源的深度开发，完善农村信息化业务平台和服务中心，提高综合网络信息服务水平；同时建立国家农业大数据研究与应用中心，覆盖农业大数据采集、加工、存储、处理、分析等全信息链，面向国内外推广基于"互联网 +"的农业大数据应用服务。

（2）"互联网 +"促进智能农业升级行动

加快实施"互联网 +"促进智能农业升级行动，实现农业生产过程的精准智能管理，有效提高劳动生产率和资源利用率，促进农业可持续发展，保障国家粮食安全。重点突破农业传感器北斗卫星农业应用、农业精准作业、农业智能机器人、全自动智能化植物工厂等前沿和重大关键技术；建立农业物联网智慧系统，在大田种植、设施园艺、畜禽养殖、水产养殖等领域广泛应用；开展面向作物主产区域、主要粮食作物的长势监测、遥感测产与估产、重大灾害监测预警等农业生产智能决策支持服务。

（3）"互联网 +"助力"六次产业"发展行动

加快实施"互联网 +"助力"六次产业"发展行动，助力农业延伸产业链、打造供应链、形成全产业链，实现一、二、三产业融合，增加农民收入，促进农业和农村的可持续发展。集中打造基于"互联网 +"的农业产业链，积极推动农产品生产、流通、加工、储运、销售、服务等环节的互联网化；构建"六次产业"综合信息服务平台，助力休闲农业和一村一.品快速发展，提升农业的生态价值、休闲价值和文化价值。

（4）"互联网 +"助力农村"双创"行动

加快实施"互联网 +"助力农村"双创"行动，加速农业科技成果转化，激发农村经济活力，推动"大众创业、万众创新"蓬勃发展。

积极落实科技特派员和农技推广员农村科技创业行动，创新信息化条件下的农村科技创业环境；加快推动国家农业科技服务云平台建设，构建基于"互联网 +"的农业科技成果转化通道，提高农业科技成果转化率；搭建农村科技创业综合信息服务平台，引导科技人才、科技成果、科技资源、科技知识等现代科技要素向农村流动。

（5）"互联网 +"助力农业走出去行动

加快实施"互联网 +"助力农业走出去行动，加强农业国家合作与交流，不断提升我国农业的国际地位和影响力，落实"一带一路"国家发展战略。

进一步推动"大湄公河次区域农业信息网络"项目，建立 CMS 各国农业信息交流的平台；充分利用中国—东盟、中国—新西兰等自贸区优势，发挥我与美国、加拿大、澳大利亚、日本和欧盟有关国家双边农业磋商机制，积极建设跨境农产品电子商务平台，打造具有国际品牌的特色优质农产品；面向在亚洲、非洲、南美洲有关国家建设农业技术交流服务平台，推动我国先进适用的农业生产技术和装备等"走出去"；构建农业投资综合信息服务平台，为农业对外投资企业提供市场、渠道、标准、制度等各种信息资料。

（6）"互联网+"助力农业科技创新行动

加快实施"互联网+"助力农业科技创新行动，促进农业科研大联合，大协作，提高农业科技自主创新能力，支撑我国现代农业发展。

积极推动农业科研信息化建设，助力中国农业科学院科技创新工程，加快建设世界一流农业科研院所；与美国、日本、澳大利亚、英国.欧盟等国家和地区的农业农村部门、科研院所及比尔·盖茨基金会等跨国私营部门建立稳定的合作关系，构建基于"互联网+"的跨国农业科研虚拟协作网络，实现农业科技创新的大联盟、大协作，提高农业科技创新能力；加快国家农业科技创新联盟建设，构建农业科技资源共享服务平台，提高重大农业科研基础设施、农业科研数据、农业科研人才等科研资源共享水平；构建农业科研大数据智能分析平台，推动农业科技创新资源共建共享。

（7）"互联网+"助力农产品电子商务建设行动

加快实施"互联网+"助力农产品电子商务建设行动，破解"小农户与大市场"对接难题，提高农产品流通效率，实现农产品增值，促进农民增收。鼓励阿里巴巴、京东、腾讯等互联网公司积极参与农产品电子商务建设，构建基于"互联网+"的农产品冷链物流、信息流、资金流的网络化运营体系；积极推动中粮、中化等大型农业企业自建电子商务平台，推动农产品网上期货交易、大宗农产品电子交易、粮食网上交易等；加快推进美丽乡村、"一村一品"项目建设，实现优质、特色农产品网上交易以及农产品网络零售；等等。

（8）"互联网+"助力新型职业农民培育行动

加快实施"互联网+"助力新型职业农民培育行动，培养造就有文化懂技术、会经营的新型职业农民，为加快现代农业建设提供人才支撑。加强新型职业农民培育教育培训体系建设，构建基于"互联网+"的新型职业农民培训虚拟网络教学环境，大力培育生产经营型职业技能型、社会服务型的新型职业农民；积极推动智慧农民云平台建设，研发基于智能终端的在线课堂、互动课堂、认证考试的新型职业农民培训教育平台，实现新型职业农民培育的移动化、智能化。

（9）"互联网+"助力农产品质量安全保障行动

加快实施"互联网+"助力农产品质量安全保障行动，全面强化农产品质量安全网络化监管，提高农产品质量安全水平，切实保障食品安全和消费安全。积极落实《农业农村部关于加强农产品质量安全全程监管的意见》，推进农产品质量安全管控全程信息化，提高农产品监管水平；构建基于"互联网＋"的产品认证、产地准出等信息化管理平台，推动农业生产标准化建设；积极推动农产品风险评估预警，加强农产品质量安全应急处理能力建设。

（10）"互联网＋"助力农业生态建设行动

加快实施"互联网＋"助力农业生态建设行动，实现农业资源生态本底实时跟踪与分析、智能决策与管理，实现"一控、两减、三基本"的目标，治理农村污染，提高农业资源生态保护水平，促进农业可持续发展。建立全国农业用水节水数据平台，智能控制农业用水的总量；建立全国农资产销及施用跟踪监测平台，智能控制化肥、农药施用量；建立全国农业环境承载量评估系统、农业废弃物监测系统，为农业循环经济提供信息支撑和管理协同，有效解决农业农村畜禽污染处理问题、地膜回收问题、秸秆焚烧问题；建立农村生产生活生态环境监测服务系统，提高农村生态环境质量。

互联网＋农业电商平台是利用大数据、云平台、物联网等互联网技术，整合金融、物流等各类社会资源，实现农业产业链去中间化，提升生产流通效率的新型农业平台。2015年，中央一号文件指出："大力支持电商、物流、商贸、金融等企业参与涉农电子商务平台建设，开展电子商务进农村综合示范。"早在政府倡导前，一贯先行的互联网行业几年前便开始有所行动，如今互联网＋农业的部分领域甚至已是一片红海。

（三）联想佳沃开创的跨界时代

2013年11月，联想控股投资的佳沃集团推出"褚橙柳桃"产品，即虽然售价不菲，但是在各电商网站频频创造了销售佳绩，成为互联网营销的经典案例，随即引发了一轮互联网大佬代言农产品的热潮，开创了一个互联网大佬务农营销的新时代。

联想控股对农业板块的布局，意味着互联网农业已经发展到了一个新的层次，互联网开始从全方位改造传统农业，从生产过程的品质管控，到生产环节的生产水平提高，再到营销环节的创新设计，互联网技术被运用到了农业生产链的各个环节，搭建出完整的互联网农业生态。从长远来看，依托联想的全球战略，农业也可以实现全球范围内的产业布局。联想对农业的跨界，最终可实现农产品全程可追溯、全产业链运营和全球化布局。

联想对农业的布局，经过了对农业的认真研究，并对此有着比较平和的预期。在经营产品的种类上，联想选择的蓝莓和猕猴桃产品都是较为高端的农产品，这些产品具有比较大的利润空间，更容易实现盈利。在具体运作上，联想通过对佳沃集团的收购，迅速完成了生产基地的布局，这在很大程度上缩短了投资年限。考虑到农业的周期性特点，联想在农业板块稳扎稳打，不急于求成，这也是联想农业的可贵之处。

伴随着"互联网＋"的热潮，互联网农业正成为新的投资热点，在"打头阵"的联想之后，还有更多的互联网企业已经或者准备跨界农业市场。然而，农业是一个回报周期较长的产业，互联网农业的未来能否成功？现在还无法判定，让我们拭目以待吧。

参考文献

［1］Laura Sebastian-Coleman.穿越数据的迷宫：数据管理执行指南 [M].北京：机械工业出版社，2020.

［2］蔡凯，张喜才."互联网 +"背景下现代农业产业链整合管理 [M].北京：中国商业出版社，2016.

［3］曹宏鑫.互联网 + 现代农业：给农业插上梦想的翅膀 [M].南京：江苏科学技术出版社，2017.

［4］查红，黎青，皮楚舒.现代农业与互联网电子商务 [M].北京：中国农业科学技术出版社，2017.

［5］陈君华，陈小龙，邱发林.云计算基础与实践教程 [M].昆明：云南大学出版社，2017.

［6］陈玉江，张国才，王文东，等.古林大学涉农学科服务于新农村建设的实践与思考 [J].农业科技管理，2012，31（4）：73–76+96.

［7］电商创业进农村明白纸系列丛书编委会.互联网 +[M].兰州：甘肃科学技术出版社，2018.

［8］丁丽娜.互联网背景下农业经济发展的探索 [J].农民致富之友，2017，(11)：172.

［9］丁林志.试析高等农业院校服务新农村建设的功能与措施 [J].高等农业教育，2010（2）：27–29.

［10］杜芳，李宏伟，屈锡华.我国新型职业农民培育若干问题研究：基于乡村振兴的视角 [M].成都：四川大学出版社有限责任公司，2021.

［11］杜骏飞.互联网思维 [M].南京：江苏人民出版社，2015.

［12］杜理明.农产品电子商务 [M].合肥：中国科学技术大学出版社，2018.

［13］方天坤 . 农业经济管理 [M]. 北京：中国农业大学出版社，2019.

［14］宫敏燕 . 新农村建设中新型农民培育问题研究 [M]. 西安：西北农林科技大学出版社，2013.

［15］韩义波 . 云计算和大数据的应用 [M]. 成都：四川大学出版社，2019.

［16］李秉龙，薛兴利 . 农业经济学 [M]. 北京：中国农业大学出版社，2009.

［17］李聪 . 公共安全大数据技术与应用 [M]. 长春：吉林大学出版社，2018.

［18］李道亮 . 无人农场：未来农业的新模式 [M]. 北京：机械工业出版社，2020.

［19］李奇峰，李洁 . "互联网 +" 现代农业知识读本 [M]. 北京：中国农业出版社，2018.

［20］李琪，彭丽芳，王丽芳 . 电子商务概论 [M]. 北京：清华大学出版社，2017.

［21］李青阳，白云 . 农业经济管理 [M]. 长沙：湖南师范大学出版社，2017.

［22］梁金浩 . "互联网 +" 时代下农业经济发展的探索 [M]. 北京：北京日报出版社，2018.

［23］聊俊国 . "互联网 +" 视阈下的对农电视发展路径构想 [J]. 东南传播，2016(06)：101-103.

［24］卢金钟，雅玲 . 电子商务概论 [M]. 北京：清华大学出版社，2017.

［25］罗树远，熊俊，石峰 . 新型职业农民培育综合知识读本 [M]. 北京：中国农业科学技术出版社，2015.

［26］罗天平，吴华丽，刘萍 . "互联网 + 休闲农业" 的转型升级研究 [J]. 时代金融，2018(06)：294+299.

［27］马兰，黄姚，梁亮，等 . 农产品电子商务理论与实务 [M]. 贵阳：贵州大学出版社，2019.

［28］梅瑞 . 互联网 + 现代农业 [M]. 北京：中国农业科学技术出版社，2017.

［29］齐亚菲 . 新型农民素质提升读本 [M]. 北京：中国建材工业出版社，2017.

［30］叔贵峰，王雪梅 . 农业经济学 [M]. 沈阳：辽宁大学出版社，2008.

［31］谭瑜，李鹏博 . 互联网基础知识及思维训练 [M]. 武汉：武汉出版社，2018.

［32］唐珂 . 互联网 + 现代农业的中国实践 [M]. 北京：中国农业大学出版社，2017.

［33］唐志强，李满国 . 社会主义新农村建设与新型农民培育 [M]. 桂林：广西师范大学出版社，2011.

［34］涂同明，涂俊一，杜凤珍 . 农产品电子商务 [M]. 武汉：湖北科学技术出版社，2011.

［35］王瑾，赖晓璐，周腰华.休闲农业经营之道 [M].北京：中国科学技术出版社，
2019.

［36］王培志.农业经济管理 [M].济南：山东人民出版社，2016.

［37］王溢泽.高职院校培养新型职业农民的对策研究 [M].成都：四川大学出版社，
2017.

［38］文丹枫，朱海，朱德清.IT 到 DT 大数据与精准营销 [M].沈阳：万卷出版公司，
2015.

［39］胥付生，秦关召，陈勇.互联网 + 现代农业 [M].北京：中国农业科学技术出版
社，2016.

［40］徐仙娥.新型职业农民教育读本 [M].北京：中国农业大学出版社，2014.

［41］杨娟.绿叶菜价格大数据研究 [M].上海：上海科学技术出版社，2019.

［42］姚金芝.农业网络化与互联网发展 [M].北京：中国建材工业出版社，2017.

［43］应可珍，姚建荣.互联网基础 [M].上海：上海交通大学出版社，2017.

［44］于凡.吉林省乡村振兴人才支撑与新型职业农民培育问题研究 [M].长春：吉林
人民出版社，2019.

［45］余以胜，胡汉雄.解读"互联网 +" [M].广州：华南理工大学出版社，2016.

［46］张国平.新型职业农民培育与现代农业发展研究 [M].哈尔滨：黑龙江大学出版
社，2019.

［47］张锦华.农业经济学 [M].上海：上海财经大学出版社，2017.

［48］张娜."互联网 + 农业"应用案例分析 [M].北京：中国林业出版社，2017.

［49］张燕.生态农业视域下新型职业农民培育研究 [M].北京：中国纺织出版社，
2019.

［50］赵帮宏，张亮，张润清.我国新型职业农民培训模式的选择 [J].高等农业教育，
2013（4）：107–112.

［51］赵冬缓.农业宏观管理学 [M].北京：中国农业大学出版社，2001.

［52］赵俊仙，胡阳，郭静安.农业经济发展与区域差异研究 [M].长春：吉林出版集
团股份有限公司，2018.

［53］中关村大数据产业联盟，清华大学两岸发展研究院.互联网 + 农业 [M].北京：
中国社会出版社，2016.

［54］朱岩，田金强，刘宝平，等.数字农业：农业现代化发展的必由之路 [M].北京：
知识产权出版社，2020.